W0059489

KOMPASS
Wanderbuch

MERAN
BURGGRAFENAMT

Heinz Fleischmann GmbH u. Co. · Geographischer Verlag
Innsbruck · Wien · München · Stuttgart · Bolzano/Bozen

© **Heinz Fleischmann GmbH & Co. Geographischer Verlag**
D-813 Starnberg

2. Auflage 1987

Tourentips (begangen und beschrieben): Barbara Klotzner, Schenna
Geologie, Profilkonstruktion: Dr. Fleischmann-Niederbacher
Redaktion: Dr. Teutsch

Wir danken den Verkehrsvereinen im Burggrafenamt für die freundliche Unterstützung bei der Beschaffung von Unterlagen.
ISBN 3-87051-386-1

Bildverzeichnis:
Titelbild: Schloß Tirol (Dr. Wagner)

S. 6 Schloß Rametz mit Meran und Texelgruppe (Fuchs-Hauffen)
S. 17 St. Leonhard mit Passeiertal (Dr. Wagner)
S. 47 Kurstadt Meran (Dr. Teutsch)
S. 97 Langsee mit Zufrittspitze (B. Klotzner)
S. 116/117 Brunnenburg, St. Peter, Schloß Tirol (Dr. Wagner)
Fuchs-Hauffen S. 28, S. 35, S. 44, S. 65, S. 82, S. 84, S. 109; Haas S. 99; B. Klotz-
ner S. 23, S. 105, S. 115; Kuen S. 31, S. 107; L. Mallaun S. 111; Dipl.-Ing. R.
Strohmeier S. 32; Dr. H. Teutsch S. 11, S. 25, S. 43, S. 60, S. 69, S. 73, S. 81, S. 100;
Dr. G. Wagner S. 53, S. 71.

VORWORT

Das vorliegende Wanderbuch spricht den Besucher Merans, den Kurgast, Wanderer und Bergsteiger an, der die vielfältige Landschaft des Burggrafenamtes, Land und Leute sowie die zahlreichen Kulturgüter kennenlernen möchte.

Der Besuch von Sehenswürdigkeiten, wie Schloß Tirol, Brunnenburg, die Pfarrkirche in Niederlana mit dem Schnatterpeckaltar, die Fresken der Maria-Trost-Kirche in Untermais, läßt sich mit mehreren der vorgeschlagenen Touren verbinden.

Landschaftliche Schönheit, gewachsene Kultur, eine vielfältige Bergwelt und sonnige Lage kennzeichnen Meran. Sie machten die Passerstadt zum Treffpunkt von Kurgästen, die im Herbst die bekannte Traubenkur lieben, rund ums Jahr das milde Klima schätzen und bereits im Vorfrühling die artenreiche Vegetation bestaunen. Viel von seiner weltweiten Beliebtheit verdankt Meran „seinem Arzt", dem Kurarzt Dr. Franz Tappeiner, der Merans Klima für Genesende empfahl. Der schönste aller Wanderwege in Meran, der Tappeinerweg, trägt seinen Namen. Überdies lädt ein ganzes Netz von Wegen zu erholsamem Wandern ein.

Aus der schier unerschöpflichen Anzahl von Wanderwegen und Bergpfaden suchte der Autor die 70 schönsten aus. Die vom Autor selbst begangenen Wege und Pfade führen in die Hochtäler der südlichen Stubaier Alpen, in die Texelgruppe, in die Sarntaler Alpen, in die Umgebung Merans, entlang der Waalwege und in das Ultental. Ob Wanderer, Hochtourist, Naturfreund oder Pflanzenliebhaber, jedem werden die beschriebenen Ausflüge unvergeßliche Eindrücke vom „Herzstück Tirols" vermitteln. Das Wanderbuch will eine willkommene Quelle sein für Wanderziele im ganzen Burggrafenamt sowie ein nützlicher Wegweiser und Freund.

DER PRÄSIDENT
DER KURVERWALTUNG MERAN
Hermann Schnitzer

Inhaltsverzeichnis

Meran — Burggrafenamt

Das Burggrafenamt ist das historische und landschaftliche Herzstück Südtirols. Es umfaßt das mittlere Etschtal, das Meraner Becken, das Passeier- und Ultental – den ehemaligen Amtsbereich des Burggrafen auf Schloß Tirol. Hier lag der Ursprung der Herrschaft der gefürsteten Grafen von Tirol.

Mit seiner paradiesischen Landschaft bietet dieser Raum ein unausschöpfbar reiches Erleben. Charakteristisch für das mittlere Etschtal und das Meraner Becken sind die ausgedehnten Obstpflanzungen und die Weinlauben an den seitlichen Hängen. Eichen, Kastanien, aber auch mediterrane Pflanzenelemente sind ein besonderer Beweis für die ausgesprochene Klimagunst dieses Raumes (mit rund 1.800 Stunden Sonnenschein pro Jahr das heiterste Gebiet der Ostalpen).

Begrenzt wird der Talbereich durch die steilen Ränder der Mittelgebirgsterrassen von Hafling und Tinsens. Mit ihren wald- und wiesenreichen Hügeln bildet dieser Landstrich ein ideales Ausflugsgebiet für beschauliche Wanderer.

Neben dem Vinschgau im Westen münden von Norden das Passeiertal und von Südwesten das Ultental in die fruchtbare Mulde. Über dicht bepflanzte Geländestufen führen diese, sich vielfach verästelnd, bis in die Region der eisbedeckten Dreitausender der Ötztaler Alpen und Ortlergruppe.

Reizvoll zwischen den Bergen eingebettet liegen die schmucken Dörfer mit ihren alten Burgen und Ansitzen. Darüber leuchten stattliche, einsame Bergbauernhöfe bis herab in die Täler. Zentrum des Burggrafenamtes ist die belebte Kurstadt Meran mit seiner liebenswerten Altstadt und dem berühmten Heilbad.

Eine Palette von Sportanlagen aller Art, viele Aufstiegshilfen, herrliche Wanderwege, aber auch gut gepflegte Skipisten im Winter laden dazu ein, rund um das Jahr im Burggrafenamt Urlaub zu machen. Die aufgeschlossenen Burggräfler, der ausgezeichnete Wein und vielleicht auch eine Traubenkur lassen den Gast sich hier sicher wohlfühlen.

Geologie

Im Gebiet um Meran grenzen zwei große Baueinheiten der Alpen aneinander. Im Nordwesten die Ostalpen und im Südosten die Südalpen. Beide Einheiten werden durch eine gewaltige Störung voneinander getrennt. Die Periadriatische Naht, wie diese Bruchlinie genannt wird, zieht von den Westalpen kommend durch Judikarien über den Tonalepaß nach Meran. Dort biegt sie nach Nordosten um, verläuft über Mauls nach Bruneck ins Pustertal, Gailtal und weiter nach Osten. Diese Linie stellt eine der größten Trennungslinien der gesamten Alpenregion dar. Zum Ostalpin zählen im betrachteten Gebiet das Ötztaler Kristallin, in welches der Schneeberger Zug mit der Laaser Serie eingelagert sind, sowie die nach Süden anschließende Zone der Alten Gneise. Durch Versenkung und Aufheizung (Metamorphose) wandelten sich die Sedimentgesteine aus dem Präkambrium und Paläozoikum in metamorphe kristalline Gesteine um. Je nach Quarz- und Tonanteil des Ausgangsgesteins entstanden daraus Gneise, Glimmerschiefer oder Amphibolite (Grüngesteine). In diese Abfolgen sind zu verschiedenen Zeiten glutflüssige Schmelzen (Intrusionen) eingedrungen und erstarrt. Sie bilden heute die Biotitgranitgneiskörper, Diabasgänge und ähnliches.

Der Schneeberger Zug mit der Laaser Serie unterscheidet sich vom Ötztaler Kristallin und der Zone der Alten Gneise durch eine andere Gesteinszusammensetzung. Grobkristalline Granatglimmerschiefer und Hornblendegarbenschiefer charakterisieren den Schneeberger Zug, mächtige grobkörnige Marmorlagen die Laaser Serie. Im Laufe der Erdgeschichte wurden die kristallinen Gesteine mehrmals aufgeheizt (500° C und mehr) und durch gebirgsbildende Vorgänge deformiert. Dies kann an neu gebildeten Mineralen und deren Feinbau abgelesen werden.

Das Kristallingebiet nördlich und südlich der Etsch wird an der Periadriatischen Naht abgeschnitten. Daran grenzen im Süden der Brixner Granit und der Ifinger Tonalit, die als Magma in den präkambrisch (?)-paläozoischen Brixner Quarzphyllit eingedrungen sind.

Vor zirka 290 Mio. Jahren, zur Zeit des Perm, kam es im Bereich der heutigen Südalpen zu vulkanischen Erscheinungen gewaltigen Ausmaßes. Dabei bildete sich das in der weiteren Umgebung von Bozen und für die gesamte Landschaft so charakteristische rote Gestein, der Bozner Quarzporphyr. Über eine Fläche von insgesamt 4.000 km² ergoß sich aus dem Erdinneren zähflüssiges Magma, das durch Spalten an die Oberfläche drang. Glutwolkenabsätze (Ignimbrite) aus zerspratzender Lava überzogen weite Teile des Landes. Laven, vulkanische Aschen (Tuffe) und Glutwolkenabsätze wechselten einander ab. So erreichte die Bozner Quarzporphyrplatte stellenweise Mächtigkeiten bis zu 3.000 m. In der weiteren Folge griff von Osten her das Meer allmählich auf die Bozner Quarzporphyrplatte über. Dabei lagerte sich in Küstennähe der Grödener Sandstein ab, der aus Abtragungsprodukten des Quarzporphyrs und des kristallinen Untergrundes besteht. Auf den Schichtflächen findet man Tierfährten und Reste von Landpflanzen. Die darüber liegenden Bellerophonschichten mit ihren versteinerten Bellerophonschnecken zeigen an, daß sich das Meer über die Land- und Küstenbildungen ausdehnte. Durch weitere Absenkung des Untergrundes kam es in der Trias zur Bildung von mächtigen Karbonatplattformen. Dies sind Riff- und Lagunensedimente (z. B. Mendeldolomit), die von Korallen, Kalkalgen und Schwämmen aufgebaut werden.

Durch die alpine Gebirgsbildung wurden die Gesteine weit über das Meeresniveau herausgehoben. Während in den Südalpen die Sedimente auf der Bozner Quarzporphyrplatte und über dem kristallinen Grundgebirge relativ ungestört und horizontal lagern, wurden die ostalpinen Einheiten stark verfaltet und über weite Strecken verschoben.

Durch die unterschiedlichen Verwitterungseigenschaften der Gesteine kommt es zu vielfältigen Landschaftsformen. Die harten Granitgneise

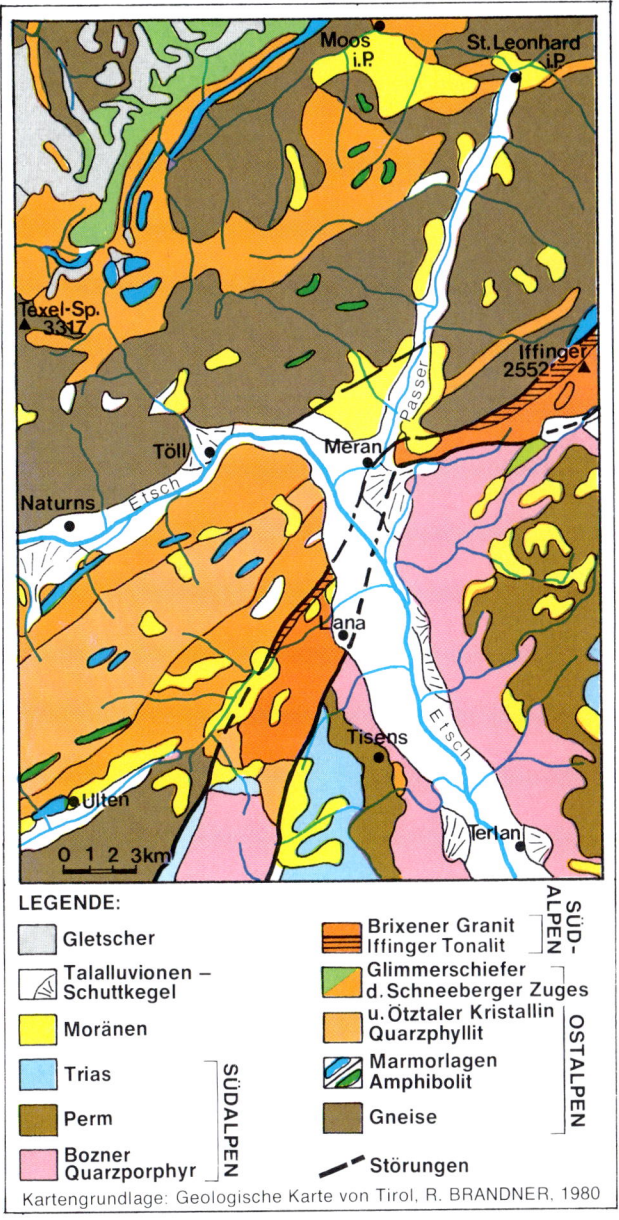

LEGENDE:

Gletscher		Brixener Granit Iffinger Tonalit	SÜD-ALPEN	
Talalluvionen – Schuttkegel		Glimmerschiefer d. Schneeberger Zuges		OSTALPEN
Moränen		u. Ötztaler Kristallin Quarzphyllit		
Trias	SÜDALPEN	Marmorlagen Amphibolit		
Perm		Gneise		
Bozner Quarzporphyr		Störungen		

Kartengrundlage: Geologische Karte von Tirol, R. BRANDNER, 1980

und Amphibolite des Kristallins sowie der spröde Quarzporphyr bilden schroffe, steile Abbrüche und Wände. Die Widerstandsfähigkeit des Porphyrs macht ihn zu einem beliebten Bau- und Dekorstein, der in zahlreichen Steinbrüchen abgebaut wird.

Die Schurftätigkeit der eiszeitlichen Gletscher hinterließ auch südlich des Alpenhauptkammes deutliche Spuren. Die Terrassenschultern des Passeier- und Etschtales sind von Moränen bedeckt. Bei Dorf Tirol findet man beispielsweise Gletscherschliffe und Erdpyramiden bis in 1.700 m Seehöhe. Moränenmaterial und Verwitterungsschutt des Quarzporphyrs liefern einen fruchtbaren Boden für den Weinbau.

Meran ist nicht nur wegen seines milden Klimas, sondern auch durch seine Heilbäder bekannt. Bei Schloß Tirol und südlich der Etsch bei St. Vigil entspringen Quellen mit einem hohen Gehalt des Edelgases Radon. Das Heilwasser wird in mehreren Kilometer langen Leitungen nach Meran geführt.

Der interessante geologische Aufbau mit dem abwechslungsreichen Spektrum unterschiedlicher kristalliner Gesteine machen die Umgebung von Meran auch zu einem Eldorado für Mineraliensammler.

Geschichte

Die Ansiedlungen im Burggrafenamt reichen in das Dunkel der vorgeschichtlichen Siedlung zurück. Nachgewiesen ist erst das Vordringen indogermanischer Stämme zwischen 1011 und 500 v. Chr. in das obere Etschgeb et. Reste von Wallburgen bezeugen, daß hier nach dem Einbruch der Kelten um 400 v. Chr. Venosten, Breonen oder G naunen gesiedelt haben. Nach den Jahren 15 und 16 n. Chr. blieben die Römer 500 Jahre im Lande. Durch die Einflüsse ihrer Kultur wurde die Bevölkerung romanisiert. Maßgeblichen Anteil daran hatte aber auch die Verbreitung der christlichen Lehre. Auf die Römer folgten die Ostgoten und diesen wiederum die Langobarden und Franken. Von einschneidender Bedeutung für die endgültige Besiedelung des oberen Etschtales wurde die Besitznahme des Landes durch die Bajuwaren. Die Bayern verdrängten die ansässige Bevölkerung jedoch keineswegs, sondern sie vermischten sich mit ihr. Noch heute bezeugen mit romanischen Wortwurzeln verbundene deutsche Ortsnamen diese Assimilierung. Mittelpunkt des zwischen dem Vinschgau und der großen Etschschleife besiedelten Landesteiles wurde das Burggrafenamt. Im Burggrafenamt wurden die im nahen und später zu erweiterten Umkreis von Meran entstandenen Gemeinwesen zusammengefaßt. Hier wirkte vor allem auch im 8. Jahrhundert der hl. Korbinian, Bischof von Freising. Die Schutzherren dieses Gebietes waren erst bayerische, später Reichs- und zuletzt bischöfliche Vögte. Seit 1141 nannten sich die Grafen von Vinschgau als Burgherren »Grafen von Tirol«. Ihre großen Gegner waren die Grafen von Eppan. Dieses Geschlecht, mit den Welfen verwandt, hatte das Gebiet des heutigen Überetsch, Bozen mit seinem Unterland sowie Teile des Eisacktales als Lehensträger des Reiches, später der Trientiner und Brixener Bischöfe, im Besitz. Um ihren Gau vor den Angriffen der Eppaner zu schützen, errichteten die Vinschgauer Herren

Sandwirt im Passeier/Andreas Hofers Geburtshaus

eine starke Burg in unmittelbarer Nähe ihrer Lehensgrenzen. So entstand auf einem Felsen in der Nachbarschaft des gleichnamigen Dorfes das Schloß Tirol. Es wurde die Stammesburg des »Landes im Gebirge«, nach der es auch den Namen erhielt. Bauherr Tirols wurde nach dem Erlöschen der Eppaner Grafen der Burgherr Tirols, Meinhard II., ein Kampfgefährte Friedrich Barbarossas und Gatte der Stauferwitwe Kaiser Konrads IV. Als Meinhard dann noch in den Besitz der Grafschaft Görz gelangte und dieses Gebiet mit seinem Bruder teilte, schlug 1271 die Geburtsstunde Tirols. Von der Mühlbacher Klause bis zum Reschenpaß, aber auch weiter bis zum Inn, reichte der neue »Comitatus et Dominum Tyrolis«. Schon reihte sich vom Überetsch bis in den oberen Vinschgau Burg an Burg und Siedlung an Siedlung. Auf den Burgen saßen kampfbewährte, aber auch ehrgeizige Adelsgeschlechter, die oft nur mit äußerster Härte vom Landesherrn in Botmäßigkeit zu halten waren. Unter der Herrschaft der Enkelin Meinhards II., Margarete Maultasch, erlebten Meran und das Burggrafenamt ihre glänzendste, aber auch stürmischste Zeit. Nach der mißglückten Ehe mit dem Luxemburger Johann von Böhmen ließ sich die Maultasch zu Meran in Gegenwart Kaiser Ludwigs des Bayern mit dessen Sohn Ludwig von Brandenburg trauen. Der glänzenden Hochzeitsfeier folgte der Bannstrahl des Papstes wegen der ungültig geschlossenen Ehe. Kriegszüge Kaiser

11

Karls IV., Belagerungen von Schloß Tirol, Brandschatzungen und trotz aller Bedrängnisse der endgültige Triumph der streitbaren Margarete kennzeichnen diese Epoche. Nach dem Hinscheiden ihres Gatten und ihres einzigen Sohnes übergab die »Häßliche Herzogin« 1363 Tirol dem Habsburger Rudolf IV. Seit diesem Zeitpunkt gehörten Meran mit seinem Burggrafenamt sowie das ganze Tirol zum Hause Österreich. Die Habsburger regierten jedoch die meiste Zeit in Innsbruck, wie überhaupt außer Landes. Deshalb wurde der Sitz der landesfürstlichen Behörden von Meran nach Innsbruck verlegt. Während der Bauernkriege tagte 1525 in Meran die berühmte Landesversammlung, der Michael Gaismayr den revolutionären Entwurf einer neuen demokratischen Reichsverfassung vorlegte. Dreihundert Jahre später, zur Zeit der bayerischen Besetzung Tirols im Verlauf der napoleonischen Kriege, galt Meran als Mittelpunkt des geistigen Widerstandes. Dieser erhielt seinen stürmischen Ausdruck mit dem Beginn des Freiheitskampfes von 1809. St. Leonhard im Passeiertal, 20 km von Meran entfernt, war die Heimat des Volkshelden Andreas Hofer. Die Passeirer, Burggräfler und Vinschgauer Schützen zählten zu den verläßlichsten Gefolgsmannen des Sandwirts. Im Passeiertal und um Meran fand auch der Kampf gegen Bayern und Franzosen seinen tragischen Ausklang. Hofer wurde in Meran gefangen gehalten, ehe man ihn weiter nach Mantua schaffte, wo er im Februar 1810 standrechtlich erschossen wurde.

Hatte einerseits die alte Via Claudia der Römer, andererseits auch der Weg über den Jaufenpaß nach Sterzing die Öffnung des Meraner Beckens nach Norden eingeleitet, so verband die von Bozen heranführende Handelsstraße das Burggrafenamt mit dem Brenner und dem Süden. Andere wichtige Paßstraßen wurden in jüngerer und jüngster Zeit erschlossen. Zu diesen zählen die Gampenstraße nach dem Nonsberg und die Timmelsjochstraße zum österreichischen Ötztal. Meran selbst kann heute für den nach dem Süden weiterreisenden Kraftfahrer durch eine neue Schnellstraße von Forst bis Marling umfahren werden. Die Eisenbahnlinie Meran–Mals setzt den von Bozen nach Meran führenden Schienenstrang der italienischen Staatsbahn bis zum Fuß des Reschenpasses fort. Durch die Brennerautobahn ist der Anschluß ans internationale Autobahnnetz vollzogen und so der Weg von der BRD ins sonnige Südtirol eine Tagesreise geworden. Bald in Angriff genommen wird der Bau einer Schnellstraße von Bozen nach Meran. Wo einstmals der politische Weitblick und kraftvolle Wille der Grafen von Tirol zur Bildung der Landeseinheit führten, hat in späterer Zeit der kühne Pioniergeist einiger um die Heilkräfte erfahrener Männer das heutige, moderne Meran geschaffen. Es waren der Arzt Dr. Roman Weinberger als Bürgermeister, ferner der Arzt Dr. Sebastian Huber sowie Dr. Franz Tappeiner, die zwischen 1850 und 1912 den Namen Merans als Kurstadt begründeten. Begonnen wurde mit Trauben- und Molkekuren, dann schuf man Heilstätten für Lungenkranke und erhob die Landschaft damit zum Luftkurort. Im Jahre 1914 zählte Meran bereits 40.000 Besucher. Diese Zahl sank während des Ersten Weltkrieges auf 283 Gäste. In der Zeit zwischen den beiden Weltkatastrophen stieg die Besucherzahl wiederum an. Nach dem Zweiten Weltkrieg erfolgte erst allmählich, dann immer lebhafter ein neuer Zustrom erholungssuchender Menschen. Mit Beginn des Massentourismus setzte für Meran auch eine geradezu stürmische Aufwärtsentwicklung ein. Die Entdeckung und Nutzung radioaktiver Quellen auf dem Vigiljoch und in der Gratsch wird diese Entwicklung noch weiter fördern. Für den nach Ruhe Ausschau haltenden Gast, vor allem aber für den Freund der Natur und den Bergsteiger wird dieses Gartenland am Sockel der im Firnschnee schimmernden Bergriesen immer den Reiz der Landschaft behalten, in welcher sich der Glanz des Südens mit der Herbheit des Nordens vermählt.

Fauna und Flora

Die Etsch, Lebensader der zum Meraner wie Bozener Becken heranreichenden Täler, beeinflußt nicht zuletzt auch das Klima dieser Landschaft. Ist sie doch der einzige Fluß der Alpen, der diese von ihrem Hauptkamm her durchbricht. Das ermöglicht die Zufuhr warmer, vom Süden heraufströmender Luft bis in höher liegende Seitentäler. Natürlich schützt auch der Alpenhauptkamm wie ein Wall das Etschtal vor kalten Nordwinden. Von der Natur behütet, erwachsen der Landschaft zwischen Naturns im Nordwesten und Kaltern im Süden alle Vorteile eines vom milden Hauch des Südens bestimmten Klimas. Bald nach Jahresbeginn ein Frühlingsland, zeigen sich das Etschbecken und seine Täler während des Sommers in üppiger Pflanzenfülle, um im Herbst bis zur Schwelle des Winters den ganzen Reichtum überquellender Fruchtbarkeit anzubieten. Ringsum aber bilden die Zwei- und Dreitausender der Texelgruppe an der Pforte des Vinschgaus, die Gipfel der Sarntaler Alpen mit den waldumsäumten Kuppen des Mittelgebirges sowie der Mendelkamm eine geradezu berauschende Szenerie. Wo von den Höhen der Almen der Samtteppich der Hochgebirgsflora bis zu den Terrassen des Mittelgebirges herabreicht, setzt unmittelbar an den Hängen derselben der »Saum des Südens« ein. Rebenhänge und Obstanpflanzungen, Edelkastanien, Feigenbäume und schließlich Palmen neben den Gewächsen einer Mittelmeerflora lösen das dunkle Grün der Fichten und Lärchen und das helle Laub der Mischwälder ab. Es ist ein Landstrich, in welchem sich Gegensätze in Harmonie verwandeln, dazu bestimmt, an der Schwelle zwischen Süden und Norden, eine von der Natur mit Poesie erfüllte Heimstatt der Menschen zu schaffen.

Die zahlreichen, z. T. seltenen Arten der Kleintier- und Vogelwelt werden nur den Fachmann interessieren. Der Laie wird sich an den gelbschwarzen Feuersalamander erfreuen, während er Schneemaus, Schneehase, Hermelin, Mauswiesel, Steinadler und den wegen seiner Farbenpracht auch Alpenkolibri genannten Mauerläufer nur selten zu Gesicht bekommen wird. Trotzdem werden der Fotofreund und der botanisch Interessierte hier auf ihre Rechnung kommen, wenn sie abseits der Lifte blumenreiche Wiesen und eilige Bäche antreffen. Wer schon in den frühen Morgenstunden unterwegs ist, wird vielleicht auch den schon recht selten gewordenen Auerhahn zu Gesicht bekommen oder die Gemsen in den Schuttkaren beobachten können.

Meran – Burggrafenamt – ein Ziel zu jeder Jahreszeit

Meran wird aufgrund seines milden und gesunden Klimas, der üppigen Vegetation und der Schönheit der Landschaft während des ganzen Jahres, insbesondere im Frühjahr und Herbst von Touristen (62% aus der BRD (1983) aufgesucht. Mit seinen 1,154.102 Nächtigungen (1983) im Jahr sind Handwerk, Handel und Industrie an den führenden Wirtschaftszweig, den Fremdenverkehr gebunden. Merans Hotellerie hat einen guten Namen, da sie Tradition mit neuzeitlichem Komfort zu verbinden weiß. Vom anspruchsvollen Luxushotel über das gutbürgerliche Hotel bis zur kleinen Familienpension, darunter mehrere Schlösser, die zu Hotels adaptiert wurden, stehen dem Gast ein stattliches Angebot an guten Privatzimmern sowie ein schöner Campingplatz zur Verfügung (565 gastgewerbliche Betriebe, 12.827 Betten in 5.551 Zimmern).

Von seltener Schönheit begründet die Umgebung Merans ein echtes Paradies sowohl für Wanderer als auch für erfahrene Bergsteiger. Groß ist das Angebot an Promenaden (Kur-, Passer-, Winter-, Sommer-, und Gilfpromenande) und Spaziergängen (Tappeinerweg, Tiroler Steig) im Stadtgebiet als auch in den benachbarten Gemeinden mit den beliebten Waldwegen. Über das weitverbreitete Netz an Wanderwegen können Ziele in allen Höhenlagen aufgesucht, als auch Gipfel mit über 3.000 m Höhe (Texelgruppe) bestiegen werden.

Als weitere Sporteinrichtungen bietet Meran den international bekannten Pferderennplatz in Untermais, im September Austragunsort des »Großen Preises von Meran«, der mit einer Millionenlotterie gekoppelt ist; weiters stehen den Besuchern öffentliche Schwimmbäder, ein Kunsteisstadion, 12 Tennisplätze, ein Reitturnierplatz mit Reitschule und ein Minigolfplatz zur Verfügung. Wintersportmöglichkeiten befinden sich in unmittelbarer Nähe vor allem auf Meran 2.000, aber auch im benachbarten Ultental, während im Schnalstal eine Gletscherbahn den Sommerskilauf auf 3.000 m Höhe ermöglicht. Alljährlich kommen internationale Kanuwettbewerbe auf der Passer inmitten der Kurstadt zur Austragung (1983 Weltmeisterschaften).

Neben der »Meraner Traubenkur« im Herbst, können radioaktive Bäder, Kohlensäurebäder, Fangopackungen, Inhalationen, Massagen und Sauna im Kurzentrum zum Wohlbefinden des Gastes beitragen. Das Blütenmeer der Apfelkulturen im Frühling, das Törggelen im Herbst und der an jedem Freitag stattfindende Markt werden jedem Gast in guter Erinnerung bleiben.

Das Kongreßzentrum ist dank seiner großzügigen Einrichtung Schauplatz zahlreicher Tagungen.

Neben den von April bis Oktober stattfindenden Kurkonzerten wird das Südtiroler Brauchtum mit wöchentlichen Heimatabenden, sowie mit dem traditionellen Haflinger Bauerngaloprennen am Ostermontag und dem großen Traubenfest mit Trachtengruppen und Musikkapellen an jedem 2. Sonntag im Monat Oktober großgeschrieben. Gemütliche Tiroler Weinstuben, Tanzlokale und Diskotheken in Meran und Umgebung ergänzen das Unterhaltungsprogramm.

Allgemeine Tips für Wanderungen und Bergtouren

Es ist sicherlich nicht Aufgabe eines Wanderbuches, einen vollständigen Katalog der **Bergausrüstung** aufzustellen, denn jeder Einzelne wird aus Erfahrung wissen, wieviele Pullover er als Kälteschutz benötigt oder wieviel Gepäck er in seinem Rucksack unterzubringen versteht. Die Beschaffenheit des Gebirges bringt es mit sich, daß die Routen, die oftmals durch steiles Felsgelände gehen, vernünftiges Schuhwerk erfordern. Halbschuhe, Sandalen oder zu leichte Wanderschuhe geben im Fels oder auf feuchten Wiesen keinen Halt und gefährden zusätzlich unsere Begleiter. In extremen Fällen, etwa im Frühjahr bei Firn, beim Queren von Altschneerinnen oder bei steilen Wiesen, leistet ein **Pickel** unschätzbare Dienste, genauso wie ein kurzes Bergseil, das dem Bergunerfahrenen und Kindern, richtig gehandhabt, neben psychologischer auch tatsächlich Hilfe bietet. Ein guter Anorak oder ein Schirm sind bei einem Regenguß sicherlich wertvoll. Die **Wanderapotheke** wird hoffentlich ungebraucht im Rucksack bleiben, doch bei Abschürfungen ist eine desinfizierende Salbe und ein Hansaplast gewiß willkommen, wie auch ein paar Sicherheitsnadeln, falls der Hosenstoff beim Abstieg leiden sollte. Gegen die starke Sonnenstrahlung schützt am besten eine Kopfbedeckung, eine Sonnenbrille und ein Sonnenschutzmittel. Bei Unfällen ist die nächste Bergrettungsstelle zu verständigen. Ist direkte Hilfeanforderung unmöglich, kann durch das **alpine Notsignal** Hilfe herbeigeholt werden. **Hilfeanforderung:** 6 Signale pro Minute in Abständen von 10 Sekunden, eine Minute Pause, wieder 6 Signale usw. **Antwort:** 3 Signale in einer Minute in Abständen von je 20 Sekunden, eine Minute Pause, dann wieder 3 Signale usw.

Die **Schwierigkeitseinteilung** leicht – mittel – schwer richtet sich **nicht** nach der UIAA-Skala (von leicht bis äußerst schwierig), sondern wurde unter dem Gesichtspunkt der für einen durchschnittlichen Wanderer zu überwindenden Höhenmeter, der Schwierigkeit des Weges und der Einkehr- und Rastpunkte ausgewählt.

Die Schwierigkeit und der angegebene Zeitaufwand stellen unverbindliche Empfehlungen dar, – sie können je nach Witterungseinflüssen und Geländeverhältnissen von den angegebenen Werten mehr oder weniger abweichen.

Kennzeichnung der Schwierigkeiten:
- 🔵 leichte Wanderung, auch für Kinder
- 🔴 mittelschwere Wanderung
- ⚫ schwere Wanderung, nur für schwindelfreie Geübte!

Zeichenerklärung zu den Tourenprofilen:

⌂ Gasthaus, Unterkunftshaus

☀ Aussichtspunkt, Rundblick

⌂ unbewirtschaftete Hütte, Unterkunftsmöglichkeit

 Sessellift

ZU DEN WANDERVORSCHLÄGEN EMPFEHLEN WIR:

ORTLER/ORTLES-CEVEDALE No. Edit. 72

72

ORTLER/ORTLES CEVEDALE
Bormio-Malé-Martell/Martello-Péio-Rabbi-San Caterina-Schlanders/Silandro-Sulden/Solda-Valfurva

STERZING/VIPITENO Verlagsnummer 44

44

STERZING/ VIPITENO
Freienfeld/C.d.Trens-Gossensaß/Colle Isarco-Ratschings/Racines-St. Jakob/S. Giacomo

Verlagsnummer 53

MERAN/MERANO

53

MERAN/MERANO
Hafling/Avelengo-Lana/Lana-Naturns/Naturno - Partschins/Parcines-St.Pankraz/S.Pancrazio-Terlan/Terlano-Texelgruppe/Gruppo di Tessa

CARTA TURISTICA
Sentieri e rifugi

CARTA

KOMPASS
BOLZ/

OMPASS
ERKARTE
1:50000

CHMANN S.A.R.L.-ISTITUTO GEOGRAFICO
ÜNCHEN-STUTTGART-INNSBRUCK-WIEN

CARTA TURISTICA
Sentieri e rifugi
KOMPASS
WANDERKARTE
1:50000
KOMPASS - FLEISCHMANN S.A.R.L. - ISTITUTO GEOGRAFICO
BOLZANO/BOZEN-MÜNCHEN-STUTTGART-INNSBRUCK-WIEN

Die größte Wandermarke:
KOMPASS
Wanderkarten · Wanderbücher

Passeiertal

Passeiertal

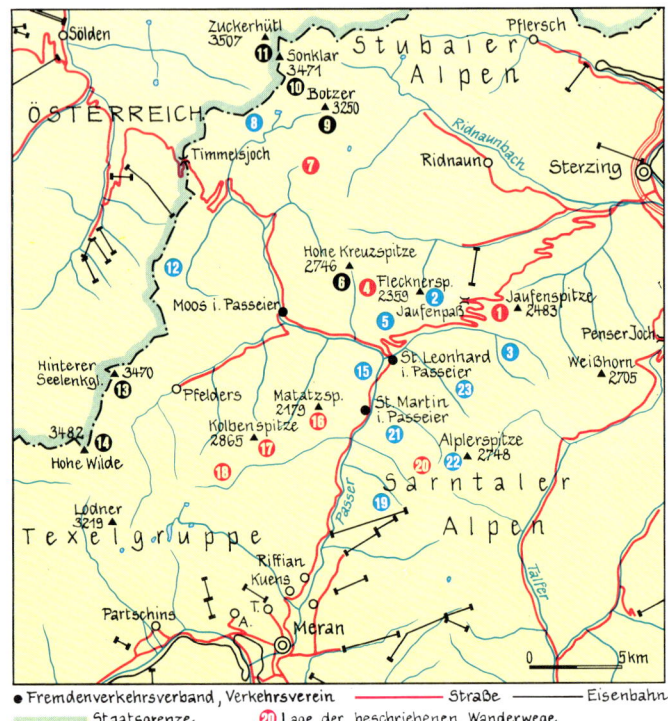

Ortsbeschreibungen:

Höhe: 1.007 m, Einwohner: 2.200, Postleitzahl: I-39013, Tel.-Vorwahl: 0473. **Auskunft:** Verkehrsverein Moos in Passeier.

Die Gemeinde Moos mit ihren zugehörigen Ortsteilen Platt, Pfelders, Rabenstein und Schönau sowie ihren zahlreichen Berghöfen erstreckt sich über das oberste Passeiertal und dessen Nebentäler bis hinauf zu den Gletschern der Ötztaler Alpen. Unweit des Hauptortes zweigt nach Südwesten das wildromantische Pfelderer Tal ab. Moos ist nicht nur eine durch sein gesundes Klima begünstigte Sommerfrische, hier treffen sich auch viele Bergfreunde, die durch das Pfelderer Tal zu den Eisriesen der Ötztaler Alpen emporwandern, oder den alten Saumweg von Saltnuß zum früheren Silberbergwerk Schneeberg einschlagen, wo bis vor wenigen Jahren Zink und Bleierze gewonnen wurden.

Sehenswert im Ort und in der Umgebung

Die **Pfarrkirche Maria Himmelfahrt** war ursprünglich gotisch, wurde jedoch im 17. Jahrhundert umgebaut. Im Inneren reiche Stukkaturen und beachtenswerte Altäre. Der **Stieberer-Wasserfall** an der Mündung des Pfelderer Tales. Die **Gletschermühle** bei Platt (5 m tief, oberer Durchmesser 1,40 m).

ST. LEONHARD IN PASSEIER

Höhe: 693 m, Einwohner: 3.000, Postleitzahl: I-39015, Tel.-Vorwahl: 0473. **Auskunft:** Verkehrsverband St. Leonhard im Passeier, Tel. 85188.

Die Gemeinde St. Leonhard, die Heimat des Freiheitshelden Andreas Hofer, ist der Hauptort des Passeiertales. Das stattliche Dorf breitet sich im Talbecken am Zusammenfluß der vom Timmelsjoch herabfließenden Passer und des von Osten kommenden Waltenbaches aus. St. Leonhard ist seit altersher Ausgangspunkt zum Übergang über den Jaufenpaß. Die Entwicklung des Ortes hat durch die – allerdings nur im Sommer befahrbaren – Timmelsjochstraße weitere Förderung erfahren. In St. Leonhard liegen vier der historischen »Schildhöfe«, ansehnliche Bauernhöfe, deren Besitzer von Margarete Maultasch einst das Vorrecht erhalten hatten, die Leibwache des Landesfürsten zu stellen.

Sehenswert im Ort und in der Umgebung

Die **Pfarrkirche zum hl. Leonhard** wurde 1116 geweiht. Ihre heutige Form stammt vom 16./17. Jh. Die **St. Georgskapelle** am Friedhof wurde 1433 erbaut, sie ist seit 1921 ein Kriegerdenkmal. Die **Heilig-Kreuz-Kapelle** aus dem 16. Jh. Auf einem Hügel oberhalb des Ortes die **Ruine Jaufenburg.** Die Burg wurde um 1300 erbaut und war Stammsitz der Herren von Passeier. Der **Franzosenfriedhof** von 1809. Der **Sandwirt** südlich des Ortes, das Geburtshaus Andreas Hofers mit kleinem Museum. Daneben die 1883 erbaute Herz-Jesu-Kapelle. Die **Schildhöfe.**

ST. MARTIN IN PASSEIER

Höhe: 597 m, Einwohner: 2.700, Postleitzahl: I-39010, Tel.-Vorwahl: 0473. **Auskunft:** Verkehrsverein St. Martin im Passeier, Tel. 85810.

Das typische Tiroler Dorf St. Martin liegt am Fuß der Passeierberge nördlich der Mündung des Falser Tales in das Passeiertal. Beherrscht wird die Gegend von der 2.179 m hohen Matatzspitze. Jenseits der Passer liegt die historische Pfandleralm, auf der Andreas Hofer 1810 gefangen genommen wurde. Aus dem Nordwesten grüßen die schneegekrönten Häupter der Ötztaler. Rings um das Dorf erheben sich auf Hügeln die Schildhöfe. Deren Bewohner, die ehemalige Leibwache der Landesherren, tragen bei festlichen Anlässen heute noch Schild und Speer.

Sehenswert im Ort und in der Umgebung

Die **Pfarrkirche St. Martin,** 15. Jh.; Turm aus dem 13. Jh., Kapelle wird bereits 1178 erwähnt. Die **8 Schildhöfe** der insgesamt 12 Schildknappen des Tales, die, der Überlieferung nach, Kaiser Friedrich Barbarossa 1154 vor Mailand besondere Dienste geleistet haben sollen. Von diesen Höfen sind vor allem sehenswert: **Langthaler Hof** (1288 erwähnt); **Turm- oder Pseier-Hof; Hof Gereuth; Hof Saltaus; Hof Steinhaus,** bereits 1285 erwähnt, mit Türmchen und Spitzbogentüren. Die **Pfandleralm,** Ort der Gefangennahme Andreas Hofers.

Wanderungen und Bergtouren im Passeiertal

1 **Bergtour:** Jaufenpaß – Jaufenspitze, 2.481 m

Ausgangsort: Jaufenpaß
Parken: Jaufenpaß
Höhenunterschied: 382 m
Wanderzeit: 2 Std.
Schwierigkeitsgrad: mittel!

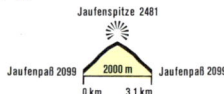

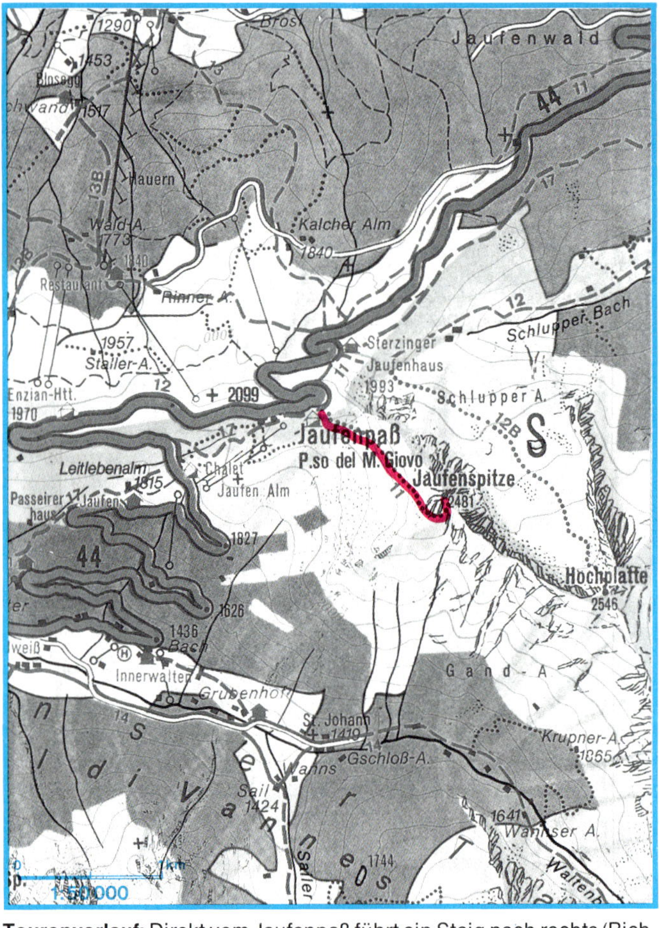

![Wanderkarte Jaufenpaß – Jaufenspitze]

Tourenverlauf: Direkt vom Jaufenpaß führt ein Steig nach rechts (Richtung Osten), umgeht einen Rumpf und führt dann teilweise nordseitig über Felshalden zum Gipfel. Der Rundblick (Sterzinger Becken, St. Leonhard, Ötztaler Alpen, Zillertaler Alpen) sucht seinesgleichen. Abstieg wie Aufstieg.

② **Bergtour:** Jaufenpaß – Flecknerspitze, 2.359 m

Ausgangspunkt: Jaufenpaß
Parken: unterhalb der Enzianhütte
Höhenunterschied: 390 m
Wanderzeit: 3¹/₂ Std.
Schwierigkeitsgrad: leicht!
Einkehr: Enzianhütte, Flecknerhütte

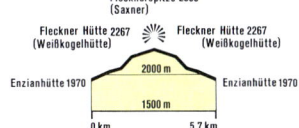

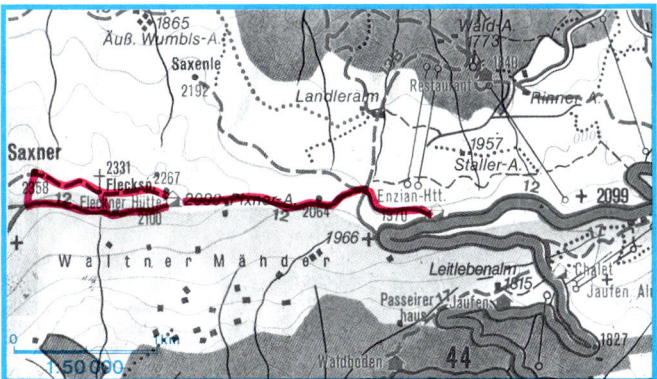

Tourenverlauf: Von der Enzianhütte, westlich unterhalb der Jaufen-
paßhöhe gelegen, führt ein bequemer Almweg zwischen blumenrei-
chen (Arnika) Wiesen, begleitet von zahlreichen Rinnsalen in ¹/₂ Std. zur
Flecknerhütte. Von dieser einfachen Almwirtschaft bietet sich vom
windgeschützten Gastgarten ein weitreichender Blick hinüber auf die
Sarntaler Alpen und tief hinab ins Wannser Tal. Von der Hütte verfolgen
wir den für den Gipfelanstieg günstigeren unteren Weg, einen Karrenweg, auf dem es über Stock und Stein hinauf bis zu einem Absatz
(Steinhütte) geht. Hier verlassen wir den Weg und steigen, teils weglos
steil hinauf über Grasnarben und Fels der Flecknerspitze zu (Kartenbe-
zeichnung Saxner). Am Gipfel kann man in den grabenähnlichen Ver-
tiefungen eine bequeme Mittagsrast einschalten. Der Blick nach Norden gibt die Stubaier Alpen zu erkennen, das Ratschingstal und, auf den
flachen Wiesen, die Hüttenansammlung der Äußeren Wumblsalm. Nach
der Eintragung ins Gipfelbuch folgen wir dem Weg ein Stück hinab in
die Nordflanke und dann dem Gratverlauf nach durch Felstrümmer zu
einer verfallenen Steinhütte, an der sich auch bis in den Sommer hinein
Schnee hält. Über einen Zaun geht es am staubigen Weg hinab zur bereits sichtbaren Flecknerhütte. Am Ziegenstall vorbei sind es wenige
Schritte zur Hütte, wo die Stärkung wartet. Am ebenen Fahrweg wandern wir am Almrausch und Wollgrasinseln (inmitten dunkler, mooriger
Erde) vorbei zum Parkplatz. Diese gemütliche Tour lohnt sich für jeden,
der am Jaufenpaß Zeit hat, das Lenkrad mit dem Rucksack zu vertau-
schen und die Einsamkeit der Bergwelt so nahe bei einer rege frequen-
tierten Straße zu genießen.

3 **Wanderung:** Innerwalten – St. Johann – Seebergalm – Innerwalten

Ausgangspunkt: Walten
Parken: Gasthof Innerwalten
Höhenunterschied: 320 m
Wanderzeit: 2½ Std.
Schwierigkeitsgrad: leicht!
Einkehr: Wanserhof

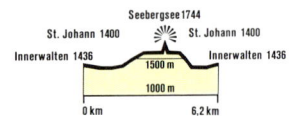

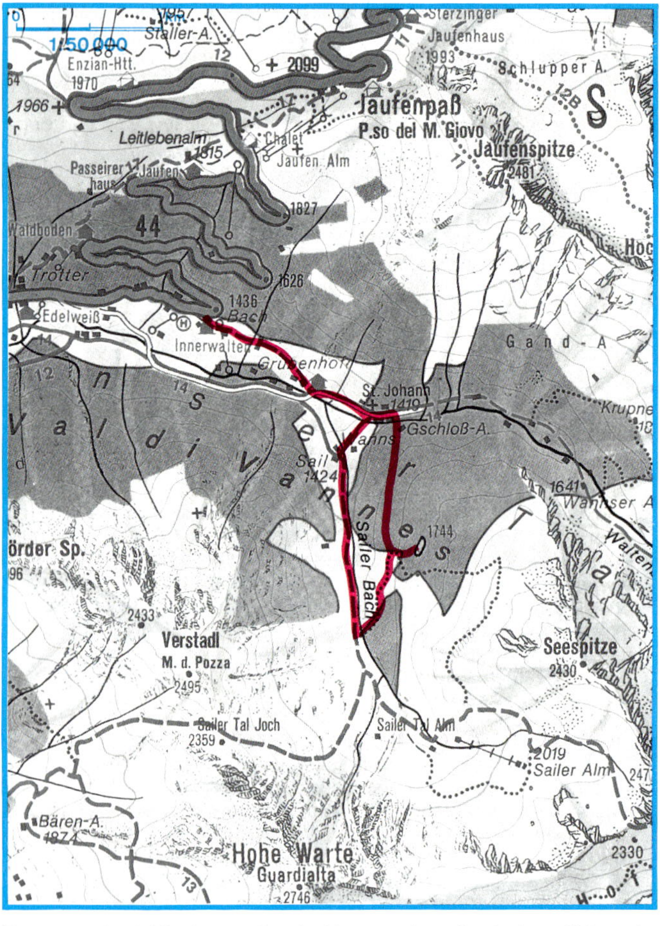

Tourenverlauf: Direkt vom Gasthof Innerwalten (Bushaltestelle) zweigt ein Privatweg ab, der nach Querung des Schlepplifts und mehreren Bauernhäuser schließlich in einen Wiesenhang übergeht, welcher di-

Wanns

rekt nach St. Johann führt. Vom Gasthof Wannser Hof wandern wir nach rechts, an einem weiteren Bauernhof vorbei, ins Sailer Tal, bis die Markierung nach links abzweigt. Auf einem breiten, schön angelegten Weg erreichen wir die Seebergalm (Sommerwirtschaft) und nach weiteren 5 Minuten Aufstieg einen kleinen See am Fuße der Seespitze, in dem sich an schönen Sonnentagen die Hohe Warte spiegelt, ungestört vom Trubel auf der viel befahrenen Jaufenstraße. Vom See führt ein Jägersteig ins Wannser Tal und zurück zum Wannser Hof, von wo wir wieder auf demselben Weg zum Ausgangspunkt zurückkehren.

❹ Höhenwanderung: Jaufenkamm – Schlotterjoch – Übelsee – Stulser Mahder – Stuls

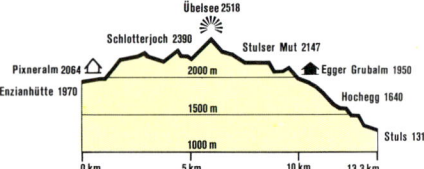

Ausgangsort: St. Leonhard
Parken: Rechtskehre auf der Jaufenpaßstraße, 200 m vor dem Gasthof Enzian
Höhenunterschied: 1.075 m

Wanderzeit: 6 Std.
Schwierigkeitsgrad: mittel!
Einkehr: Egger Grubalm, Flecknerhütte
Karte: siehe auch Seite 23

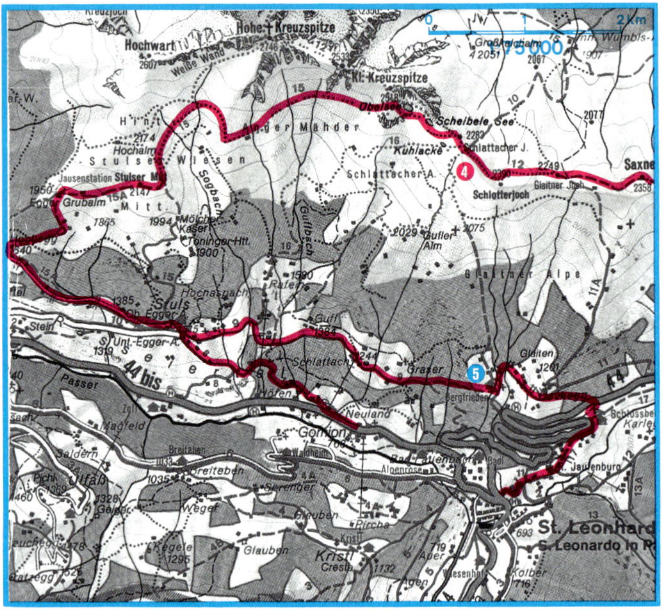

Tourenverlauf: Wir fahren von St. Leonhard mit dem Bus oder Privatauto Richtung Jaufenpaß. In der letzten Rechtskehre vor dem Paß, zirka 200 m vor dem Gasthof Edelweiß, starten wir dieses Unternehmen (Bushaltestelle). Dort beginnt auch der zur Pixneralm führende Güterweg. Von der Pixneralm allmählich ansteigend, queren wir meist südseitig, der Markierung 12 folgend, westwärts, bis wir schließlich das Schlotterjoch (2.390 m) erreichen. Einmalig ist der Rundblick ins Passeiertal. Über Schotterhalden geht's nun hinunter zum Übelsee. Wir wandern entlang des linken Seeufers, müssen dann durch steile, von Fels durchsetzte Wiesen absteigen, bis der Steig wieder weiter westwärts verläuft, am Fuße der Kleinen und Hohen Kreuzspitze vorbei.

24

Kapelle in Gleiten

Nach der Querung des großen Talkessels zwischen Hoher Kreuzspitze und Hochwart steigen wir über die Stulser Mahder – noch immer westwärts – zur Egger Grubalm ab. Von der Egger Grubalm führt ein Wiesenweg Richtung Stuls, der in eine Straße mündet. Von der Straße (Kurve) zweigt der Stulser Waldweg ab, dem wir Richtung Stuls folgen. Von Stuls gelangt man mit dem Bus, oder anderer Fahrgelegenheit nach St. Leonhard, von wo wir per Anhalter (viel Verkehr) zum PKW am Jaufenpaß gelangen.

⑤ Wanderung: St. Leonhard – Gleiten – Stuls – Gomion

Ausgangspunkt: St. Leonhard
Parken: Dorfmitte
Höhenunterschied: 620 m
Wanderzeit: 4 Std.
Schwierigkeitsgrad: leicht!
Einkehr: Schloßberg, Bergfrieden
Karte: siehe Seite 24

Tourenverlauf: Kurz nach der Brücke in St. Leonhard zweigen wir nach rechts ab und steigen nach Besichtigung der Ruine Jaufenburg am Gasthof Schloßberg vorbei zum Weiler Gleiten auf. Nun queren wir auf schönem Waldweg – Nr. 9 – die Nordhänge des hinteren Passeiertals bis wir Stuls, ein kleines Bergdorf an einer Terrasse am Fuße der Kreuzspitze gelegen, erreichen. Von Stuls folgen wir der Markierung Nr. 8 – in 7 übergehend – durch Wiesen und Wälder nach Gomion (2 km westlich von St. Leonhard). Zu Fuß oder mit dem Bus kehren wir zum Ausgangspunkt zurück.

❻ Bergtour: Stuls – Rafein – Übelsee – Hohe Kreuzspitze, 2.746 m – Egger Grubalm

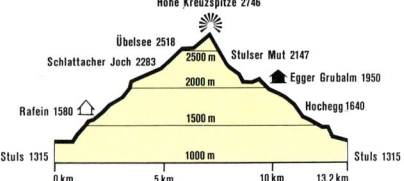

Ausgangspunkt: Stuls/Moos im Passeier
Parken: Stuls/Kirche
Höhenunterschied: 1.430 m

Wanderzeit: 7 Std.
Schwierigkeitsgrad: nur für Geübte!
Einkehr: Egger Grubalm

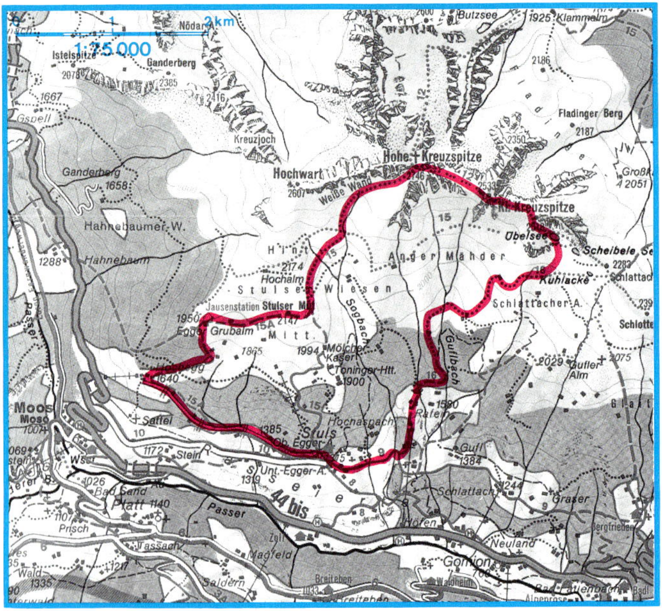

Tourenverlauf: Stuls verlassen wir auf Markierung Nr. 9, welche Richtung Gleiten führt und nach zirka 15 Minuten ein tiefes Bachbett durchläuft. Im Bachgrund verlassen wir die Nr. 9 und folgen Nr. 16, die steilen Bergwiesen zu den Rafein Höfen aufsteigend. Ab dem letzten Hof benützen wir einen Plattenweg, der zuerst den Wald und schließlich den Graben des Baches quert. Nun erreichen wir Almhütten und steigen Richtung Kleine Kreuzspitze auf, an dessen Fuße sich der Übelsee befindet (Weg verliert sich). Vom westlichen und größten der drei Seen steigen wir über den Südwestgrat zur Kleinen und weiter zur Hohen Kreuzspitze auf, wobei beim Überwinden des Felsens Trittsicherheit und Schwindelfreiheit Voraussetzung sind. Wir verlassen den Gipfel –

mit seinem herrlichen Blick von den Ötztaler Firnfeldern über die Sarntaler Alpen bis in die Dolomiten – auf dem etwas leichteren Weg in den südwestlichen Talkessel absteigend, wo wir jenen Weg erreichen, der zuerst flach, dann über Bergwiesen absteigend, zur Egger Grubalm führt. Über Mahder und schließlich dem Stulser Waldweg entlang erreichen wir wieder den Ausgangspunkt.

7 **Bergwanderung:** Saltnuss – Schneeberghütte, 2.355 m

Ausgangsort: Saltnuss an der Timmelsjochstraße
Parken: beim Gasthof Saltnuss
Höhenunterschied: 700 m
Wanderzeit: 3½ Std.
Schwierigkeitsgrad: mittel!
Einkehr: Schneeberghütte

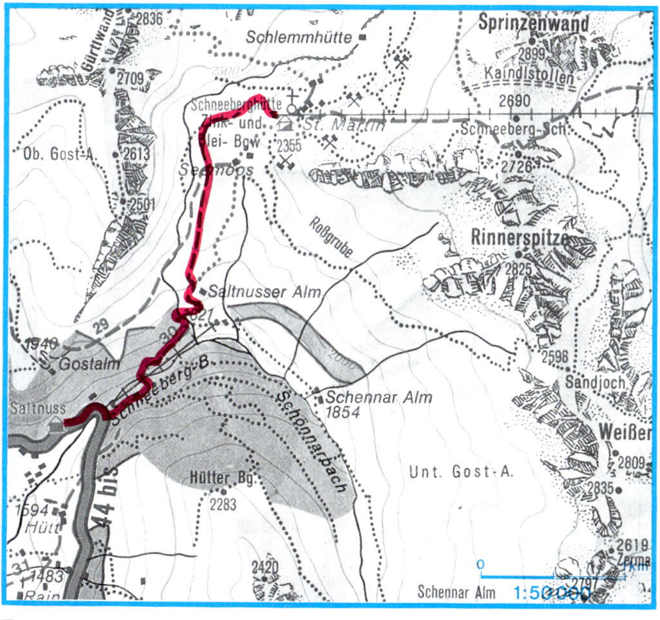

Tourenverlauf: Direkt im Bachbett vor dem Gasthof Saltnuss zweigt nach rechts (orographisch) der Weg Nr. 31 ab, der zuerst durch lichten Wald und schließlich durch freies Gelände zur Schneeberghütte führt. St. Martin am Schneeberg ist die höchste Bergwerkssiedlung Europas. Vom 13.–18. Jh. wurde hier nach Zink und Blei geschürft. Von der Schneeberghütte bietet sich die Möglichkeit zum Schwarzsee, und für Geübte zur Schwarzseespitze, 2.988 m, aufzusteigen.
Abstieg wie Aufstieg, oder über die Obere Schennar Alm, wobei man nordwestlich vom geparkten Auto auf die Timmelsjochstraße gelangt.

❽ Bergwanderung: Timmelsbrücke – Timmelsalm – Großer Schwarzsee, 2.508 m

Ausgangsort: Moos/Rabenstein
Parken: Timmelsbrücke
Höhenunterschied: 755 m
Wanderzeit: 4¹/₂ Std.
Schwierigkeitsgrad: mittel!
Einkehr: Timmelsalm

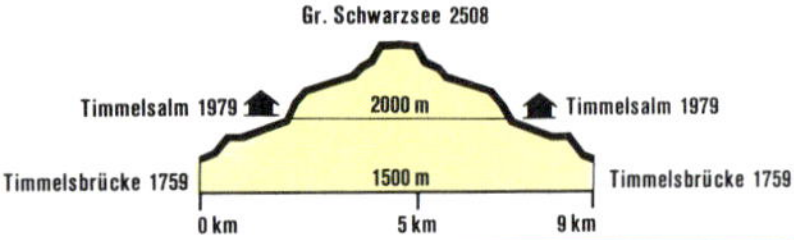

Gr. Schwarzsee 2508

Timmelsalm 1979 — 2000 m — Timmelsalm 1979
Timmelsbrücke 1759 — 1500 m — Timmelsbrücke 1759
0 km — 5 km — 9 km

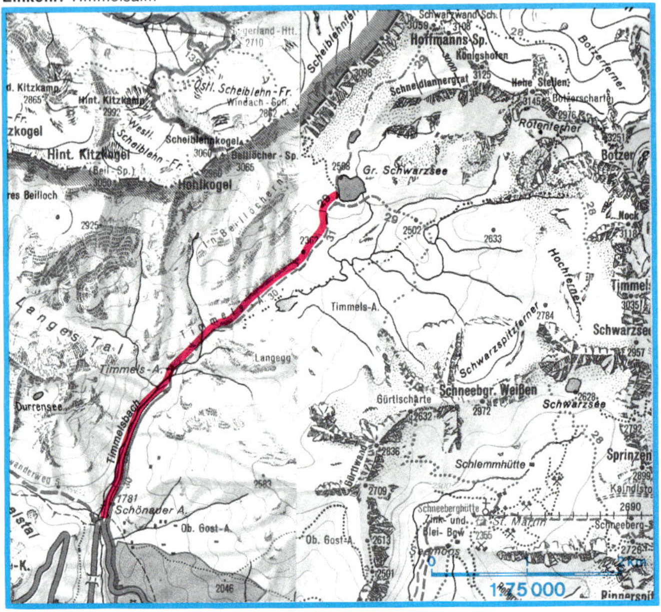

Timmelsjochstraße

Tourenverlauf: Von
St. Leonhard auf der Tim-
melsjochstraße kommend
zweigt an der Timmels-
jochbrücke ein Güterweg
ab, der nordwärts zur Timmelsalm führt. Von dort auf
gutem Steig vom Rau-
schen des Timmelsbaches
umgeben, steigen wir an
der linken Bachseite die
Almkuppen hoch. Nach ei-
nem nun folgenden flachen
Wegverlauf geht es das
letzte Stück noch einmal
relativ steil hinauf zum
Schwarzsee.

28

❾ Hochtour: Timmelsbrücke – Timmelsalm – Botzer, 3.250 m

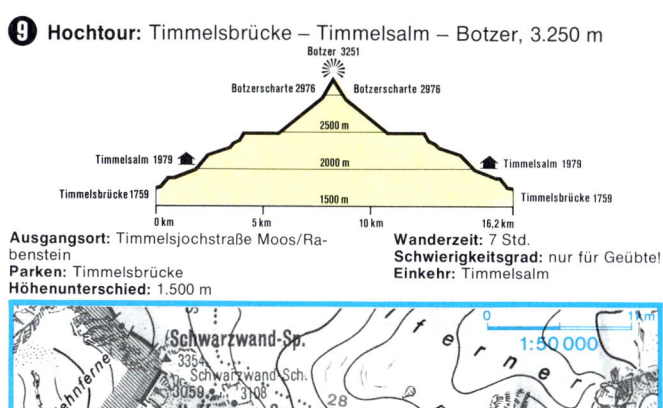

Ausgangsort: Timmelsjochstraße Moos/Rabenstein
Parken: Timmelsbrücke
Höhenunterschied: 1.500 m

Wanderzeit: 7 Std.
Schwierigkeitsgrad: nur für Geübte!
Einkehr: Timmelsalm

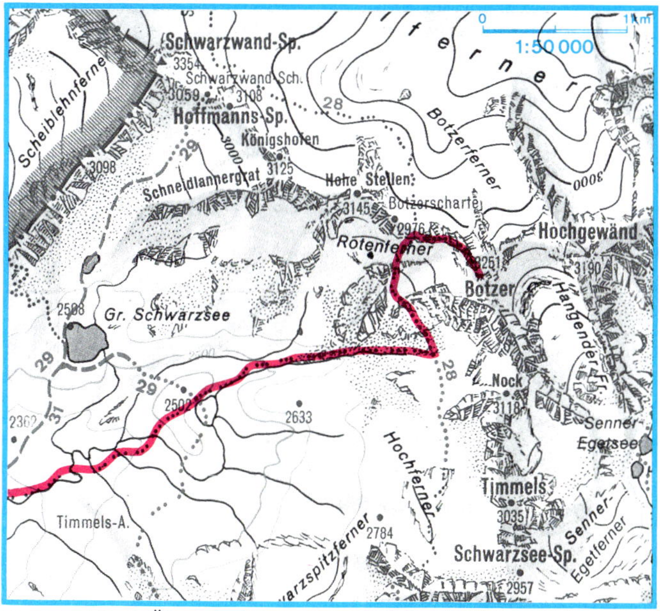

Tourenverlauf: Über die Timmelsalm Aufstieg Richtung Schwarzsee (siehe Wanderung Nr. 8). Nachdem wir den Höhenunterschied nach der Timmelsalm überstanden haben und so nach dem eher flachen Teil zu einer Almhütte kommen, verlassen wir die Markierung und gehen die Almwiesen querend taleinwärts, den Botzer immer vor uns sehend. Die Gras- und Felshalden linksseitig aufsteigend, erreichen wir den Gletscher. Den Gletscher queren wir Richtung Botzerscharte und steigen dann an der linken Seite des Gletschers zu dem zum Gipfel führenden Nordgrat auf. Diesem folgen wir die letzten Meter auf den Gipfel mit herrlichem Blick in die Gletscherregionen der Stubaier Alpen. Abstieg erfolgt auf der Aufstiegsroute. Aufgrund der Besteigung des Gipfels über den wenn auch nur kleinen Gletscher ist Gletscherausrüstung unbedingt notwendig.

⑩ Hochtour: Timmelsbrücke – Timmelsalm – Schwarzwandscharte – Sonklarspitze, 3.471 m

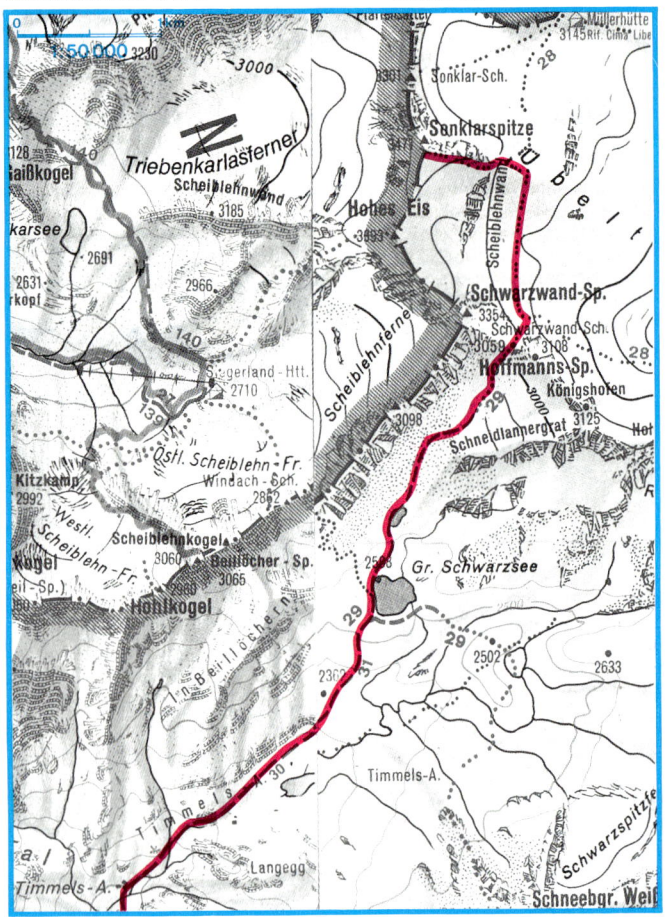

Sonklarspitze 3471

Schwarzwandscharte 3059 Schwarzwandscharte 3059

Timmelsalm 1979 Timmelsalm 1979

Timmelsbrücke 1759 Timmelsbrücke 1759

3000 m
2500 m
2000 m
1500 m

0 km   5 km   10 km   16,8 km

Ausgangsort: Moos/Rabenstein
Parken: Timmelsjochstraße (Timmelsbrücke)
Höhenunterschied: 1.710 m

Wanderzeit: 8 Std.
Schwierigkeitsgrad: nur für Geübte!
Einkehr: Timmelsalm

Schwarzsee mit Botzer

Tourenverlauf: Von der Timmelsbrücke steigen wir über die Timmelsalm zum großen Schwarzsee auf (siehe Wanderung Nr. 8). Vom
Schwarzsee den nächsten Rücken noch entlang des Weges hochsteigend gelangen wir in einen flachen Kessel (Lacke). Von hier steigen wir
über Felshalden und Schneefelder zu der Schwarzwandscharte (rechts
von der Schwarzwandspitze) auf – Richtung Norden. Nun gilt es den
flachen Gletscher am Fuße eines Eiswulstes zu queren, indem man sich
anfangs eher rechts hält und allmählich nach links schreitet. Über ein
relativ steiles Firnfeld links hinauf zum Felsgrat (meist Steigspuren von
der Müllerhütte kommend vorhanden). Kurz über die Felsblöcke hoch
und weiter über ein Firnfeld zum hügelförmigen Gipfel der Sonklarspitze, 3.471 m. Abstieg wie Aufstieg.

⓫ Hochtour: Timmelsjochstraße – Schwarzsee – Müllerhütte – Wilder Pfaff, 3.457 m – Zuckerhütl 3.505 m

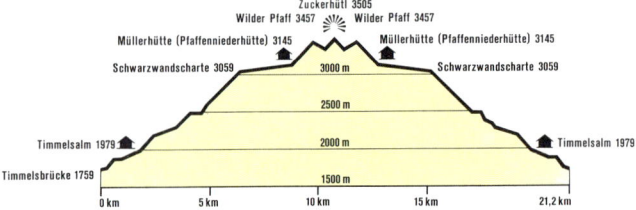

Ausgangsort: Moos im Passeier/Rabenstein
Parken: Timmelsbrücke
Höhenunterschied: 1.750 m

Wanderzeit: 10–11 Std.
Schwierigkeitsgrad: nur für Geübte!
Einkehr: Timmelsalm, Müllerhütte

Tourenverlauf: 1. Tag: Von der Timmelsbrücke steigen wir, wie unter Nr. 10 beschrieben, über die Timmelsalm und den großen Schwarzsee zur Schwarzwandscharte auf. Nun gilt es den Übeltalferner am Fuße der Sonklarspitze zu queren, um zur Müllerhütte am Pfaffennieder zu kommen. Es lohnt sich, nach Querung des ersten flachen Stückes sich eher links zu halten, um schließlich zur Pfaffennieder zu gelangen.
2. Tag: Am nächsten Tag verlassen wir den Holzbau der Müllerhütte und steigen in Richtung Westen über Schotterhalden und Firnflecken zum Blockgrat auf. In anregender leichter Kletterei geht es höher. Tiefe Blicke hinab in die Fernerstube und in die Ostwand des Wilden Pfaff wechseln mit Blicken hinüber in die Ötztaler Alpen. Entweder direkt am Grat oder knapp links haltend steilt sich der Fels auf und einige Eisenstifte, ein lockeres Seil und eine 20 Meter große Platte (u. U. vereist) trennen uns noch vom Gipfel des Wilden Pfaff (Trigonometer). Über

Blick vom Wilden Pfaff auf das Zuckerhütl, 3.505 m

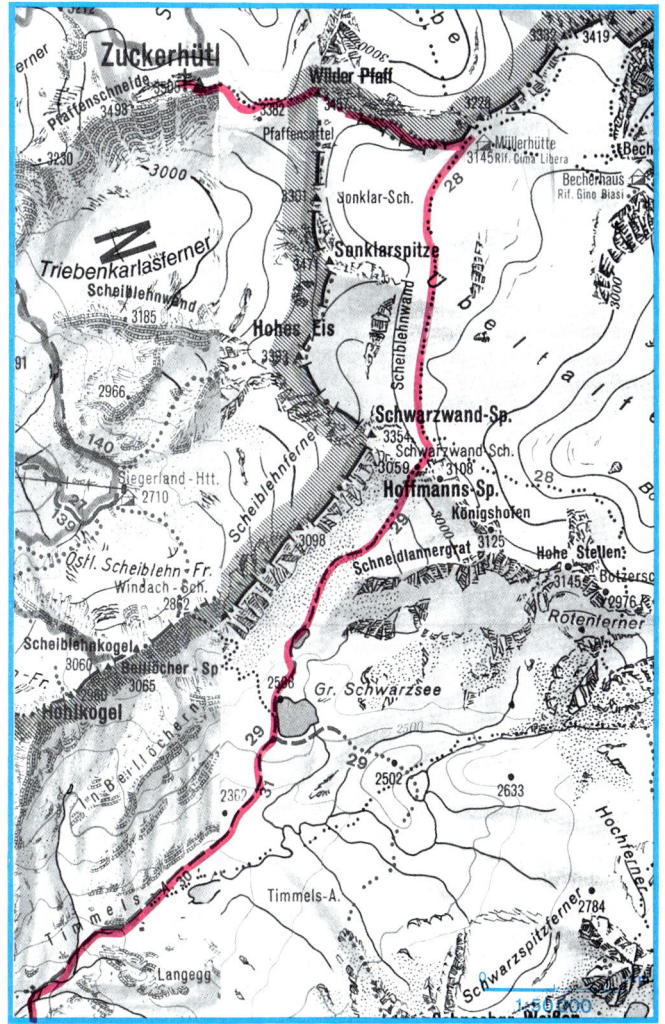

Schutt eilt man hinab auf den Sattel, wo Steigeisen den Anstieg über die steile Firnflanke erleichtern. Je nach Verhältnissen ersteigt man so, die letzten Meter wieder über Fels, den schmalen Gipfel des Zuckerhütls. Die Aussicht über den wild zerklüfteten Sulzenauferner und nach Westen hinüber zur Wildspitze und Weißkugel (manchmal ist die Bernina erkennbar) belohnt die Strapazen. Für den Abstieg nimmt man denselben Weg, wobei man abermals auf der Müllerhütte nächtigt.

⑫ Wanderung: Seeweralm – Seewersee, 2.056 m

Ausgangspunkt: Moos/Rabenstein
Parken: Parkplatz an der Timmelsjochstraße
Höhenunterschied: 210 m
Wanderzeit: 2¹⁄₂ Std.
Schwierigkeitsgrad: leicht!

Tourenverlauf: Unseren Ausgangspunkt im hintersten Passeiertal erreichen wir durch eine lange Anfahrt auf der Timmelsjochstraße von St. Leonhard aus. Von der Rechtskehre nach dem Gasthof Hochfirst erreichen wir auf einer Schotterstraße (Parkplatz) die Seeweralm. Von dort an der rechten Seite des Seewerbaches taleinwärts – wir queren nicht wie die Nummer 44 den Bach – einem nicht markierten Almweg folgend erreichen wir auf einer Höhe von 2.056 m den Seewersee. Ein stattlicher See am Fuße der prachtvollen Gletscher des Hochfirst und Granatkogel. Rückweg wie Hinweg.

⓭ Hochtour: Pfelders – Zwickauer Hütte, 2.890 m – Hinterer Seelen-kogel, 3.470 m

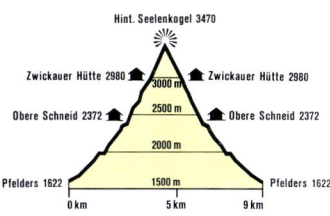

Ausgangspunkt: Pfelders
Parken: Pension Edelweiß
Höhenunterschied: 1.850 m
Wanderzeit: 9 Std.
Schwierigkeitsgrad: nur für Geübte!
Einkehr: Zwickauer Hütte

Hof im Pfelderer Tal

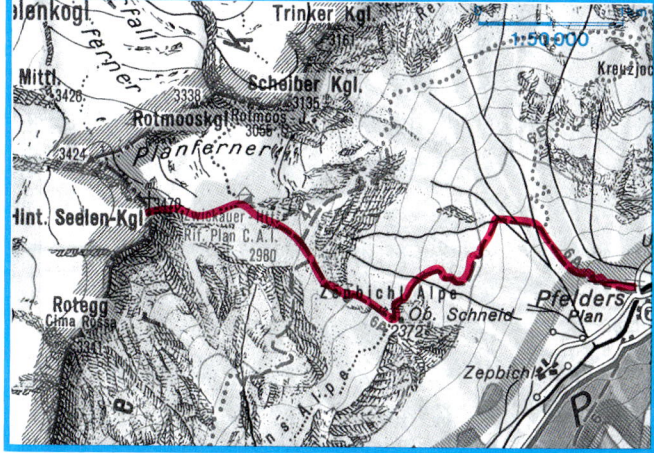

Tourenverlauf: Bei der Pension Edelweiß verlassen wir direkt neben der Brücke die Straße und steigen über steilen Grashängen zur Zep-bichlalm (Markierung Nr. 6A). Über Schotter und Felshänge weiter auf-steigend erreichen wir die 2.980 m hoch gelegene neuerbaute Zwick-auerhütte. Von hier aus steigen wir über die steilen Felsblöcke den Ost-grat entlang, ohne ein Gletscherfeld queren zu müssen, zum 3.470 m hohen Gipfel und prachtvollen Aussichtspunkt.
Der Abstieg erfolgt auf dem Aufstiegsweg.
Für weniger ausdauernde Bergsteiger bietet die Zwickauerhütte Über-nachtungsmöglichkeiten.

⑭ Hochtour: Pfelders – Stettiner Hütte, 2.875 m – Hohe Wilde, 3.482 m

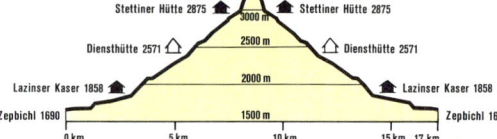

Ausgangspunkt: Pfelders
Parken: Zepbichl
Höhenunterschied: 1.780 m

Wanderzeit: 9 Std.
Schwierigkeitsgrad: nur für Geübte!
Einkehr: Lazinser Kaser, Stettiner Hütte

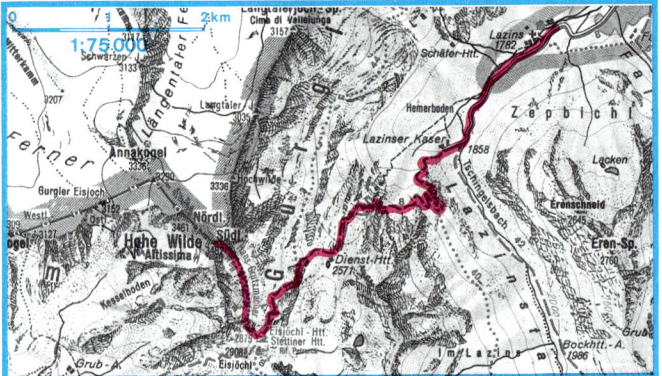

Tourenverlauf: Von Zepbichl aus erreichen wir über die Wiesen – später Schotterstraße – die Lazinser Kaser. Nun folgen wir den Serpentinen des ehemaligen, teilweise verfallenen Militärweges bis zur Stettiner Hütte über Geröll- und Felshalden. Die Stettiner Hütte, auch Eisjöchlhütte genannt, bildet einen wichtigen Stützpunkt für Bergsteiger des Ötztaler-Hauptkammes im Norden und der Texelgruppe im Süden und ist daher aufgrund seiner Größe oft dem Andrang nicht gewachsen. Hinter der Stettiner Hütte zuerst über Geröll, dann über Fels steil ansteigend dem Hans-Grutzmacher-Weg folgend, erreicht man ein kurzes Schneeband, welches es zu überwinden gilt (Eispickel erforderlich). Dann wiederum über Felsen bis zum Gipfel der Hohen Wilde, mit prächtigem Ausblick in die Gletscherwelt der Ötztaler Alpen.
Geübte Bergsteiger – auch ohne Gletschererfahrung – können, unter Berücksichtigung der Tücken eines Wetterumsturzes – den Aufstieg dieses Dreitausenders wagen.
Abstieg wie Aufstieg, oder bei bestehender Fahrgelegenheit von der Stettiner Hütte ins Pfossental.
Natürlich kann diese Tour auch – viel angenehmer – als Zweitagestour unternommen werden.

⑮ Bergwanderung: St. Martin – Meraner Höhenweg – Kristl, 1.132 m – St. Martin

Ausgangspunkt: St. Martin
Parken: Gasthof Jager Hans/Dorfbeginn
Höhenunterschied: 530 m
Wanderzeit: 4 Std.
Schwierigkeitsgrad: leicht!
Einkehr: Weiherhof, Gasthaus Kristl, Abfalter

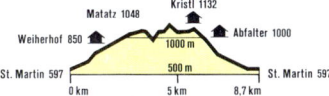

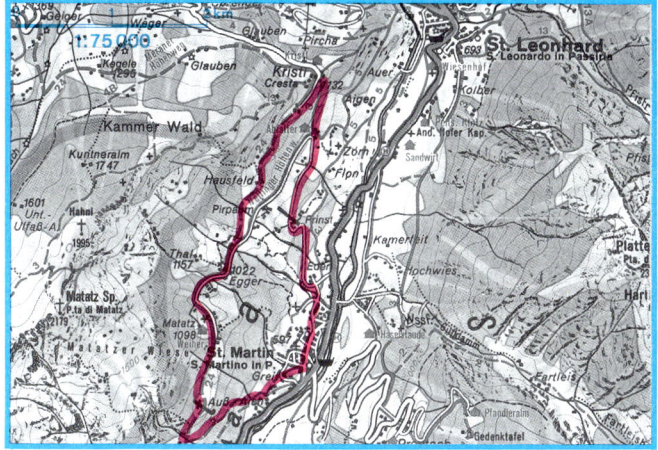

Tourenverlauf: Von Saltaus nach St. Martin kommend gelangt man am Dorfbeginn zu einer Kreuzung. Hier gilt es nach links abzuzweigen. Von der Kreuzung führt eine Straße zu den Ober- und Untergreithöfen. Markierung »Nr. 4: Kalmtal, Saltauserjoch« beschildert. Wir folgen zuerst dieser Straße, dann flach durch Wiesen an den Greit-Schildhöfen vorbei, allmählich durch Wald bergauf, bis wir auf die Schotterstraße gelangen. Dieser folgen wir, bis wir nach einer Kreuzung, bei der wir uns links halten, auf den von Magdfeld kommenden Meraner Höhenweg treffen. Nun folgen wir diesem Weg – Markierung Nr. 24 –, der abwechselnd durch Wiesen und Wald an schönen Höfen vorbei, teilweise leicht ansteigend nach Matatz – Gasthof Weiherhof – führt. Weiter Richtung Norden gelangen wir nach zirka 1 Std. nach Kristl, wobei der Weg meist flach verläuft. Beim Weiler Kristl angelangt, steigen wir der Markierung 3 folgend auf einem eher steilen Plattenweg zum Gasthof Abfalter ab. Weiter die Straße mehrmals querend an Bauernhöfen vorbei, bis wir schließlich auf einem flachen Wiesenweg nach St. Martin zurückkehren.

Variante 1: Beim ersten Bauernhof nach dem Gasthaus Weiherhof kann nach St. Martin abgestiegen werden.

Variante 2: Es bietet sich auch die Möglichkeit von Kristl nach St. Leonhard abzusteigen.

16 **Bergtour:** Kristl – Matatzspitze, 2.179 m – Ulfaß – Kristl

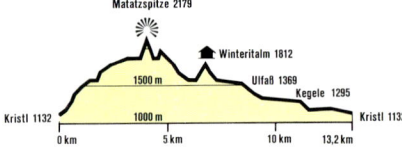

Ausgangspunkt: St. Leonhard/Kristl
Parken: Kristl
Höhenunterschied: 1.050 m

Wanderzeit: 6 Std.
Schwierigkeitsgrad: mittel!
Einkehr: Winteritalm, Ulfaß, Kristl

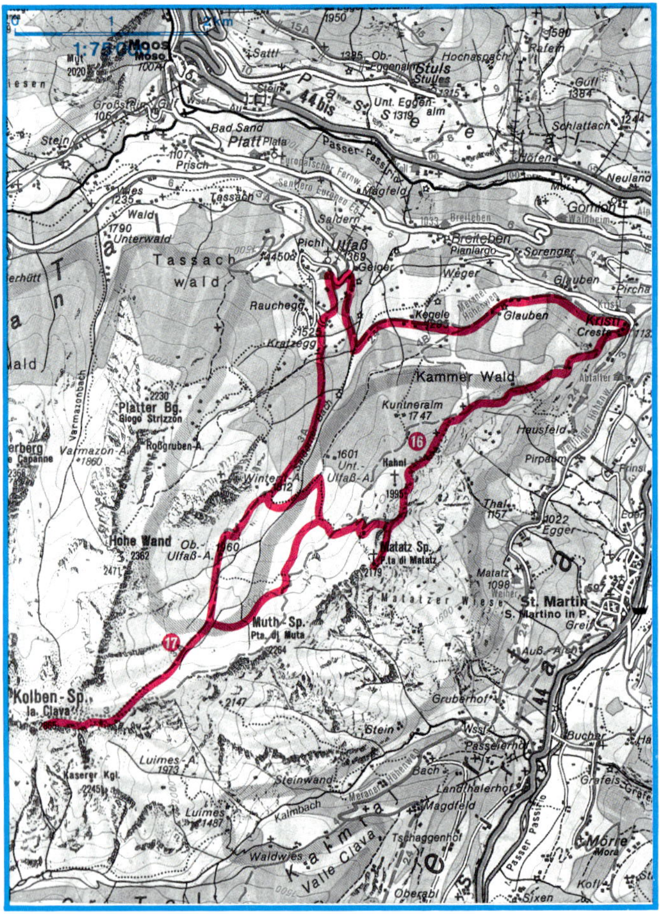

Tourenverlauf: Von St. Leonhard fahren wir Richtung Platt, wobei wir bei Breiteben nach links abzweigen und somit den Weiler Kristl erreichen. Natürlich kann von St. Leonhard auch zu Fuß – Markierung 4 – aufgestiegen werden. Direkt am Stadel vorbei – Markierung 3 (Kolbenspitze) – über Wiesen, Wälder und Almen bergauf, am Hahnl vorbei zur Matatzspitze. Je höher wir kommen, desto weiter wird der Horizont – der Sarntaler Hauptkamm zwischen Hirzer und Hoher Warte ist ebenso ersichtlich wie der Kamm zwischen Jaufen und Hoher Kreuzspitze. Nach einer ausgiebigen Rast steigen wir, Nr. 7 folgend, zur unteren Ulfaßalm und weiter zur Winteritalm ab, von wo ein Schotterweg zum Kratzegg führt. Nun spazieren wir nach Ulfaß hinab, und wandern der Markierung 24 des Meraner Höhenwegs folgend, zum Ausgangspunkt zurück.

⑰ Bergtour: Ulfaß – Kolbenspitze, 2.865 m

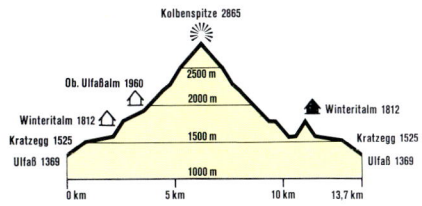

Ausgangspunkt: Ulfaß – St. Leonhard
Parken: Kratzegg – Ulfaß
Höhenunterschied: 1.340 m

Wanderzeit: 6 Std.
Schwierigkeitsgrad: mittel!

Tourenverlauf: Von Ulfaß fahren wir die schmale Bergstraße entlang hoch, bis ein Verbotsschild die Weiterfahrt verhindert. Vom Parkplatz aus folgen wir der nach links führenden Schotterstraße. Am Bauernhof vorbei, zirka 100 m nach der Brücke, zweigt ein unscheinbarer Waldweg (Markierung Nr. 3a) ab. Diesem folgen wir, zuerst durch Wald, dann an mehreren Almhütten vorbei, bis er in der Nähe (nördlich) der Oberen Ulfaßalm über die Weidehänge und, schließlich in Schotterhänge übergehend, auf dem linken Grat, – Steinmanndl – bis der Markierung Nr. 3, welche von Christl über die Muthspitze heraufführt, zusammentrifft. Nun steigen wir, immer links haltend, die Fels- und Schotterhalden bis zum Gipfel der 2.865 m hohen Kolbenspitze auf, wo der herrliche Rundblick alle Anstrengungen vergessen läßt.

Der Rundblick reicht von den Ötztaler über die Stubaier in die Sarntaler Alpen, tief unten liegt das Passeiertal, im Dunst ist das weite Meraner Becken erkennbar, und im Westen übertrifft die Gipfelflur der Texelgruppe das Grün der Wälder.

Beim Abstieg geht es bis zu den Weidehängen der Aufstiegsroute hinab, wir bleiben jedoch an der orographisch rechten Talseite, wobei wir über die Obere Ulfaßalm zur Winteritalm absteigen. Von hier aus kehren wir auf der Schotterstraße zum Auto zurück.

⑱ Bergwanderung: Magdfeld – Faglsalm – Saltauser Joch, 2.280 m – Obesellsee – Vernuer – Dr. Hans-Pircher-Weg

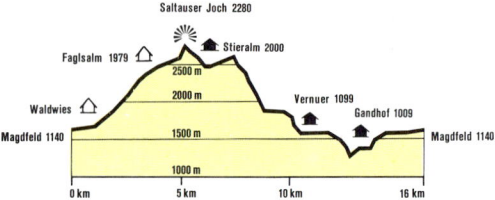

Ausgangspunkt: St. Martin
Parken: Gasthaus Magdfeld
Höhenunterschied: 1.140 m
Wanderzeit: 7 Std.

Schwierigkeitsgrad: mittel!
Einkehr: Stieralm, Öberst (Vernuer), Jausenstation Gander

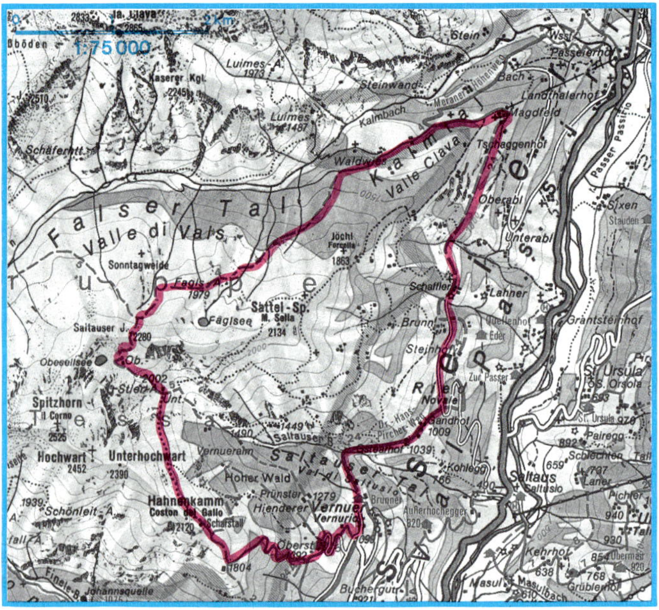

Tourenverlauf: Die Straße nach Magdfeld zweigt zwischen Saltaus und St. Martin – taleinwärts fahrend nach der Geraden hinter dem Quellenhof – bei Neuhaus ab. Wir folgen der Markierung 4 ins Kalmtal und weiter an der linken Talseite nach Waldwies. Die Hänge der Sattelspitze empor bis die Faglsalm an der Waldgrenze ersichtlich wird. Weiter auf Weg Nr. 4 bis zur Wegkreuzung. Nun halten wir uns links und folgen Nr. 5 Richtung Südwest auf das Saltauser Joch. Einmalig schön ist der Blick auf die gegenüberliegende Talseite mit den Siedlungen Untertall,

Obertall und Verdins, die von den Sarntaler Alpen überragt werden. Nun steigen wir auf Weg Nr. 5 zum Obesellsee ab, an der Stieralm vorbei queren wir auf Weg Nr. 21 die Hänge des Hahnenkamms. In Serpentinen geht's nun durch den Wald nach Vernuer bergab, von wo wir auf dem Dr. Hans-Pircher-Weg – Nr. 24 – den Saltauser Bach queren und noch einen Aufstieg zu bewältigen haben, bis wir schließlich abwechselnd durch Wald und Wiesen wieder Magdfeld erreichen.

⑲ Wanderung: Saltaus/Klammeben (Bergstation) – Hirzer Hütte – Mahdalm oder Hintereggalm – Gampen – Brenn (Mittelstation)

Ausgangspunkt: Saltaus
Parken: Talstation Hirzer Seilbahn
Höhenunterschied: 590 m
Wanderzeit: 3 Std.
Schwierigkeitsgrad: leicht!
Einkehr: Hirzer Hütte, Mahdalm, Hintereggalm, Gampen

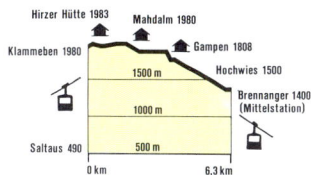

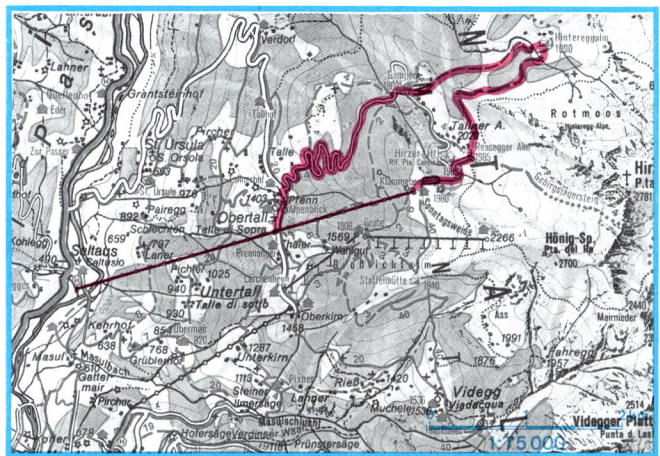

Tourenverlauf: Wir verlassen das Winterskigebiet Hirzer und wandern am Fuße des Hirzers an der Hirzer Hütte vorbei – der Wiese entlang bis zur Alm aufsteigend – auf gut beschildertem Steig die Alpenrosenhänge querend zur Mahdalm und Hintereggalm, von wo aus wir durch lichte Baumbestände zum Gasthof Gampen absteigen. Das Gasthaus Gampen kann auch direkt von der Hirzer Hütte aus über Bergwiesen – an der Reasegger Alm gleich neben der Hirzer Hütte beginnt die Markierung – erreicht werden. Vom Gampen aus führt eine flach angelegte Waldstraße nach Brenn, welcher wir auch teils durch Queren von Wiesen und Waldwegen, ausweichen können.

⑳ Bergwanderung: Hirzer Hütte – Hintereggalm – Pfandleralm – Pfandlerhof/St. Martin

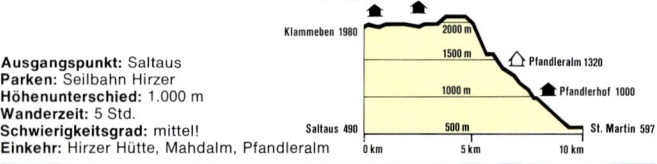

Klammeben 1980   Hirzer Hütte 1983   Mahdalm 1980

2000 m
1500 m   △ Pfandleralm 1320
1000 m   ▲ Pfandlerhof 1000
500 m
Saltaus 490   St. Martin 597
0 km   5 km   10 km

Ausgangspunkt: Saltaus
Parken: Seilbahn Hirzer
Höhenunterschied: 1.000 m
Wanderzeit: 5 Std.
Schwierigkeitsgrad: mittel!
Einkehr: Hirzer Hütte, Mahdalm, Pfandleralm

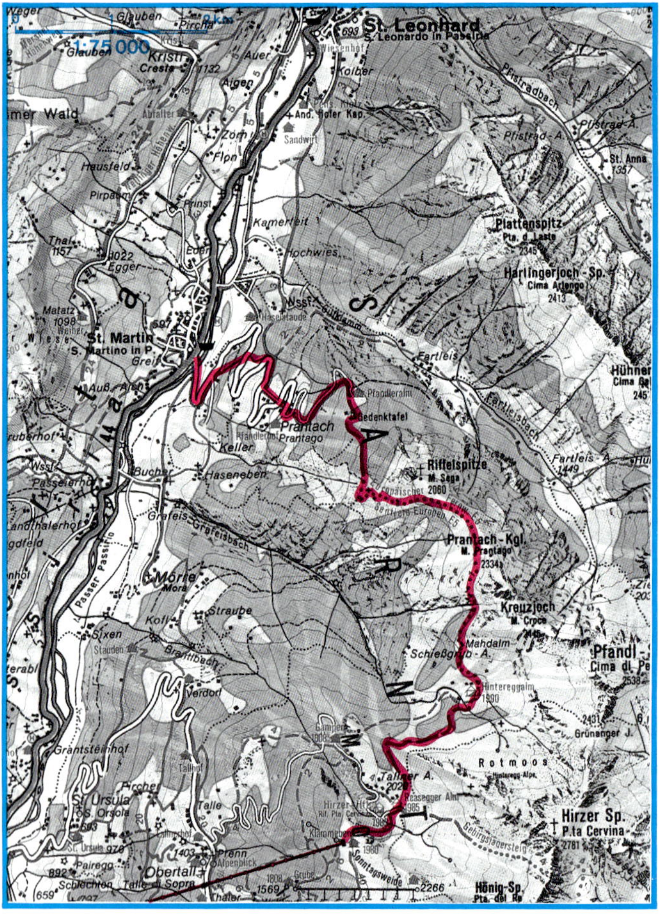

Tourenverlauf: Die nachstehende Wanderung kann sowohl von St. Martin als auch von Saltaus unternommen werden. Hier soll die Route von Saltaus beschrieben werden, da dies die angenehmere Rich-

Turmhaus in St. Martin/Passeier

tung ist. Die Hirzer Hütte erreichen wir von Klammeben – Bergstation Hirzer Seilbahn. Nach einem folgenden kurzen Aufstieg durch die Wiese zur Alm queren wir die Alpenrosenhänge auf einem guten Weg bis zur Hintereggalm. Nun ist auf einem schmäler werdenden Steig ein Höhenunterschied von gut 100 Metern zu bewältigen, bis es wieder die Hänge und Täler der Pfandlspitze querend nordwärts geht. Immer demselben Weg folgend, mit Blick in die Passeier Bergwelt, beginnt allmählich der Abstieg über steile Bergwiesen, an alten verfallenen Almhütten vorbei und schließlich in Wald übergehend, zur Pfandleralm – dem Versteck und Auslieferungsort Andreas Hofers. Nun folgen wir dem breiten Waldweg bis zum Pfandlerhof – von St. Martin aus mit dem Auto erreichbar.

Sollte sich keine Fahrgelegenheit ergeben, muß nach St. Martin abgestiegen werden, von wo aus ein Bus nach Saltaus verkehrt.

㉑ Bergwanderung: St. Leonhard – Pfandlerhof – Pfandleralm, 1.350 m

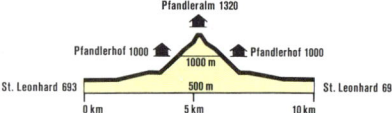

Ausgangspunkt: St. Leonhard
Parken: Dorfmitte
Höhenunterschied: 660 m

Wanderzeit: 5 Std.
Schwierigkeitsgrad: leicht!
Einkehr: Pfandlerhof, Pfandleralm

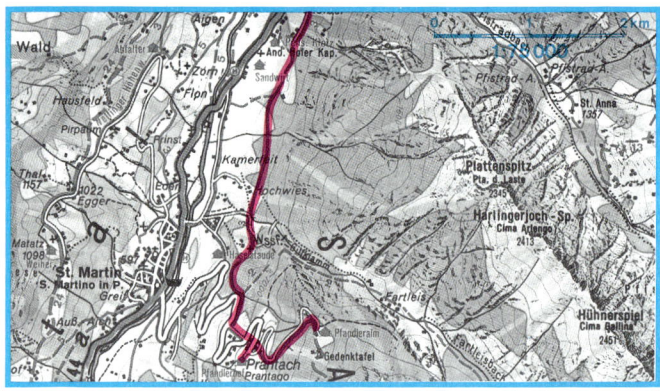

Tourenverlauf: Von der Dorfmitte (Gasthof Strobl) führt eine Straße zur Volksschule – Markierung 3 oder E5. Auf dieser Straße, später durch Wiesen und Wald, geht es am Fartleiser Wasserfall vorbei, bis wir auf die Prantacher Straße gelangen. Nun folgen wir der Markierung 1 und steigen zum Pfandlerhof auf – bis hier besteht Fahrgelegenheit. Nach weiterem Aufstieg durch den Wald erreichen wir die Pfandleralm und ein Stück weiter die

St. Leonhard im Passeier

Gedenktafel des Tiroler Helden Andreas Hofer. Abstieg wie Aufstieg. Variante: Von St. Martin aus folgt man zuerst der Prantachstraße, bis nach der ersten Kurve die Markierung 1 und 2 abzweigt und schließlich auf den von St. Leonhard kommenden Weg trifft.

Bergwanderung: St. Martin – Fartleisalm (– Alplerspitze, 2.748 m)

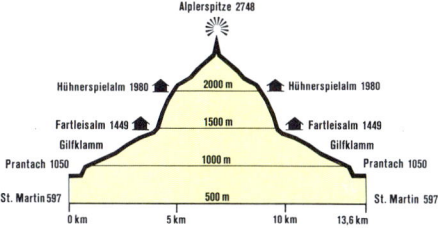

Ausgangspunkt: St. Martin
Parken: Prantachstraße
Höhenunterschied: zirka 550 m
Wanderzeit: 3 Std.
Schwierigkeitsgrad: leicht! Gipfel nur für
Geübte!
Einkehr: Fartleisalm

Tourenverlauf: Von der Straße unterhalb des Dorfes zweigt ostseitig
eine Straße ab – »Prantach« beschildert. Diese Straße befahren wir, bis
sie von den Wiesen in den Wald führt und dort eine Kurve macht. Kurz
vor der Kurve weisen bereits Schilder auf die Markierung Nr. 2 hin, welche ins Fartleistal führt. Anfangs geht es fast eben durch die Gilfklamm,
wo der Weg teilweise aus dem Fels gehauen wurde. Nach folgendem
mäßigen Anstieg durch den Wald wird das Tal allmählich wieder weiter,
bis wir schließlich auf ausgedehnte Almwiesen und zu einer bewirtschafteten Hütte gelangen. Abstieg wie Aufstieg.
Variante 1: Aufstieg von St. Martin, wobei bis nach der ersten Kurve die
Fahrstraße benutzt wird; nun zweigt der Weg Nr. 1 und 2 ab.
Variante 2: Aufstieg auf die 2.748 m hohe Alplerspitze. (Aufstieg 3 Std.
ab Fartleisalm.) Wir folgen der Markierung 2 in Serpentinen steil hinauf
zur Hühnerspielalm und weiter über Grashänge und Geröllhalden auf
den Nordgrat der Alplerspitze. Diesem folgend – nur Steigspuren – erreichen wir den nur selten bestiegenen, aussichtsreichen Gipfel.

Wanderung: St. Leonhard – St. Anna – Karlegg – St. Leonhard

Ausgangspunkt: St. Leonhard
Parken: Dorfzentrum
Höhenunterschied: 665 m
Wanderzeit: 4 Std.
Schwierigkeitsgrad: leicht!
Einkehr: St. Anna

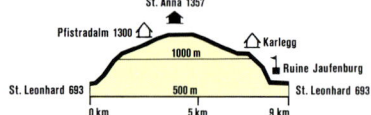

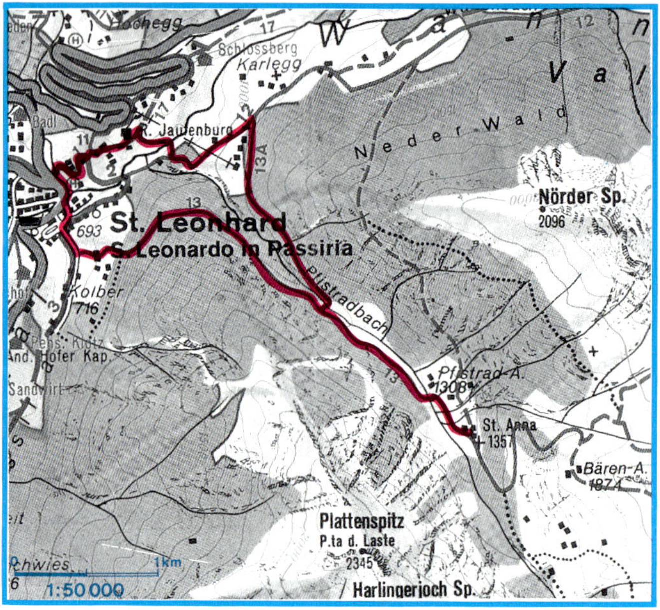

Tourenverlauf: Den Parkplatz nach rechts verlassend gelangen wir zur Volksschule. Weiter dieser Straße (Markierung Nr. 13) folgend, gelangen wir zu einer Kapelle, wo ein eher steiler Pflasterweg abzweigt und nach kurzer Steigung zu einem Bauernhof führt. Den breiten Waldweg – mäßige Steigung – erreicht, können wir beim Aufstieg die Stille der steilen Wälder, nur vom Rauschen des Pfistradbaches unterbrochen, genießen. Bald erreichen wir das kleine Kirchlein von St. Anna, inmitten einer flachen Bergwiese, umgeben von schroffen Berghängen. Beim Abstieg folgen wir zirka 20 Minuten der Aufstiegsroute, bis wir die Abzweigung Karlegg (Markierung 13A) erblicken (nahe am Bachbett). Diesem Waldweg folgend gelangen wir nach Überquerung des Pfistradbaches zu den Höfen am Karlegg. Am Spitalerhof verlassen wir die Markierung 13A und steigen an mehreren beeindruckenden Höfen vorbei nach St. Leonhard ab. Noch bevor wir zum Auto zurückkehren, machen wir einen kleinen Abstecher hinauf zur Ruine der Jaufenburg.

Meran
Burggrafenamt

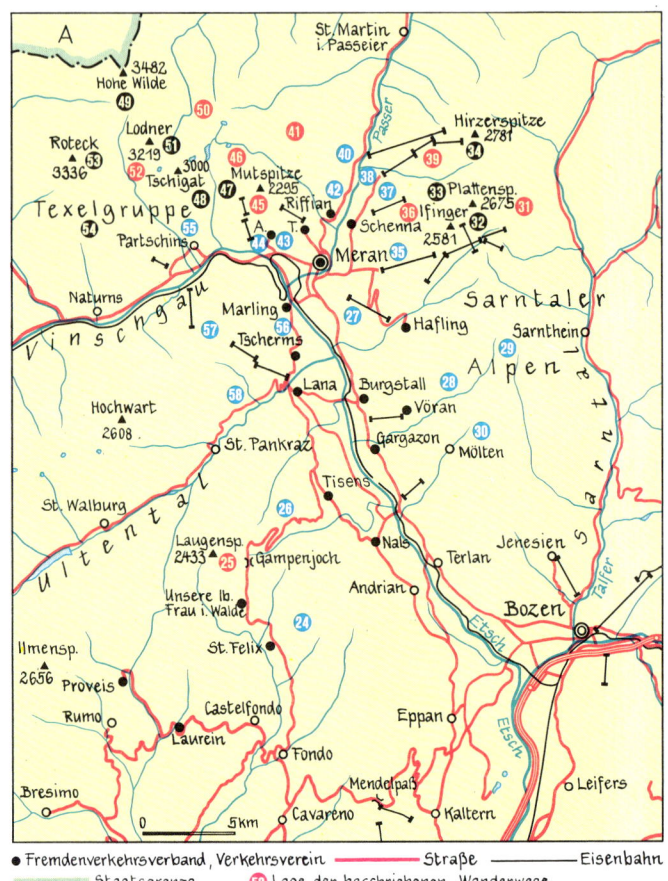

● Fremdenverkehrsverband, Verkehrsverein ——— Straße ———— Eisenbahn
▬▬▬▬ Staatsgrenze ㊿ Lage der beschriebenen Wanderwege

Wo der Vinschgau und das Passeiertal zusammentreffen, weitet sich das Etschtal zu einem fruchtbaren Becken. In diesem liegt inmitten von Obst- und Weingärten die Kurstadt **Meran** (325 m). Sie entwickelte sich aus der römischen Militärstation Castrum Maiense (um 15 v. Chr.). Die Stadt, die bereits im 9. Jh. Residenz bayerischer Gaugrafen wurde, war von 1280 bis 1420 die Hauptstadt Tirols und Sitz des Landesfürsten. Als der Hof nach Innsbruck verlegt wurde, sank die Bedeutung Merans zu einer unscheinbaren Siedlung herab. Erst die Aufnahme des Kurbetriebes Mitte des 19. Jh.s und der zunehmende Tourismus bescherten Meran einen ungeahnten Aufschwung. Berühmt sind seine Traubenkur sowie das Thermalzentrum. Die mittelalterliche Innenstadt mit ihren engen Gassen und Laubengängen überdauerte unversehrt die Jahrhunderte. Ihr Zentrum ist die Laubengasse mit den Querstraßen Rennweg und Marktgasse. Die Altstadt wird im Westen vom Kornplatz und im Osten vom Pfarrplatz begrenzt.

Zur genauen Orientierung (Stadtrundgang, Beschreibung der Sehenswürdigkeiten) dient der KOMPASS-Stadtführer Meran, erschienen beim selben Verlag.

Die Texelgruppe

Die Texelgruppe mit ihren pyramidenförmigen Gipfeln und ihren Graten schiebt sich als Untergruppe vor die dahinter aufragende Urgesteinsmauer der Ötztaler Alpen. Mit ihren steil aufsteigenden Flanken und oft auch während des Sommers schneebedeckten Häuptern zählt sie zu den schönsten Hochgebirgsgruppen Südtirols. Charakteristisch ist auch ihr Wasserreichtum. Die beherrschenden Gipfel dieser Urgesteinswelt sind Texelspitze (3.317 m), Roteck (3.336 m), Rotwand (3.256 m), Trübwand (3.266 m), Schwarze Wand (3.166 m), die Hohe Weiße (3.281 m) und die Lodnerspitze (3.219 m). Ein Hochtal, das Pfossental, trennt die Texelgruppe vom Schnalskamm und den Eisströmen des Gurgler Ferners. Zu ihm führt der einzige Steig über das Eisjöchl, 2.908 m, und der gleichnamigen Hütte. Gipfel wie Grate werden hier vielfach von großen Geröllhalden flankiert. Bei Begehung der Grate ist wegen des brüchigen Gesteins Vorsicht geboten. Zu den Gipfeln der Texelgruppe führen teilweise auch gut erhaltene Steige. Allerdings erfordern viele von ihnen auch Ausdauer. Dennoch kann man in zwei Tagesmärschen den ganzen Südhang der Gruppe durchwandern.

Wichtige Siedlungen zwischen Ulten- und Etschtal sind das Gemeindegebiet von Rumo mit seinem malerischen Bergdorf Marcena, die am Pescarabach liegende deutsche Gemeinde Proveis, das ebenfalls deutsche Laurein und an der Gampenstraße die deutsche Sprachinsel Unsere Liebe Frau im Walde. Außer diesen drei deutschsprachigen Gemeinden gehört das südliche Gebiet bereits zur Provinz Trient. An sich sind diese Täler nur kärglich besiedelt. Um so romantischer wirkt ihre herbe Unberührtheit. Der Hauptort des oberen Nonstales ist die Marktgemeinde Fondo. Um sie gruppieren sich einige, bereits dem Fremdenverkehr erschlossene kleinere italienische Gemeinden und Weiler inmitten einer besonders reizvollen Landschaft.

Ortsbeschreibungen:

ALGUND

Höhe: 355 m, Einwohner: 3.550, Postleitzahl: I-39022, Tel.-Vorwahl: 0473. **Auskunft:** Verkehrsamt Algund, Tel. 48399 oder 48600.

Algund zählt zu den ältesten Siedlungen des Burggrafenamtes. Der Name erscheint bereits 995, jener der Pfarre 1278. Das Dorf dehnt sich weitgezogen zwischen der der Mutspitze vorgelagerten kegelförmigen Höhenterrasse und dem Etschtal aus. Die Ortsteile Mühlbach, Ober- und Mitterplars und Dorf werden von einer besonders üppigen Obstlandschaft umschlossen. Am Berghang wiederum stehen prächtige

Höfe zwischen den Pergeln der Weinberge. Zeugen einer an die 3.000 Jahre zurückreichenden Besiedlung sind die 1932 und 1942 in Algund aufgefundenen 4 Menhire. Die Römer führten die Via Claudia Augusta durch Mitterplars. Diese Straße hat gemeinsam mit dem Weg über den Jaufenpaß nach Sterzing die Öffnung des Meraner Beckens nach Süden eingeleitet, während die von Bozen heranführende Handelsstraße das Burggrafenamt mit dem Brenner und dem Süden verband. Auf einer sonnigen Terrasse hoch über dem Tal liegt in etwa 1.000 Meter Höhe die Siedlung Vellau. Ein Sessel- und Gondellift ermöglichen den bequemen Aufstieg nach Vellau und weiter zur Leiteralm. Von dort führt der berühmte, teilweise in Felsen gesprengte Vellauer Felsenweg zur Bergstation der Hochmuter Seilbahn hinab. Unterwegs bieten sich prächtige Tiefblicke in das Meraner Becken.

Sehenswert im Ort und in der Umgebung
Die **alte Pfarrkirche** zu den **hll. Hippolyt und Erhard** mit dem im 15. Jh. errichteten spätgotischen Chor. Das romanische Langhaus wurde im 17. Jh. eingewölbt. Die **neue Pfarrkirche** zum **hl. Josef** im Zentrum. Ein noch erkennbarer, angeblicher **römischer Brückenpfeiler** mit Bildstock bei **Schloß Vorst.** Die in Algund aufgefundenen **marmornen Kultsteine (Menhire)** aus der ligurisch-illyrischen Epoche im Stadtmuseum zu Meran.

BURGSTALL
Höhe: 270 m, Einwohner: 1.200, Postleitzahl: I-39014, Tel.-Vorwahl: 0473. **Auskunft:** Verkehrsverein Burgstall, Tel. 91343.

Der Luftkurort Burgstall liegt in der Etschniederung unterhalb von Meran unmittelbar am Westabfall des Haflinger Plateaus (Tschöggelberg). Der Ort weist kein ausgesprochenes Zentrum auf, sondern hat sich entlang der Hauptstraße Bozen–Meran als typisches Straßendorf entwickelt. Die Kirche und die Schule befinden sich auf einer höher gelegenen Terrasse oberhalb des Ortes. An seinem südlichen Ortsrand ist Burgstall mit Gargazon schon beinahe zusammengewachsen. Mit der gegenüberliegenden Großgemeinde Lana verbindet es eine gut ausgebaute Autostraße. Seine erste schriftliche Erwähnung erfuhr die Siedlung erstmals im 13. Jahrhundert. Diese dürfte sich auf einem Felskopf nahe der Kirche befunden haben. Die kaum mehr feststellbaren Ruinen der Burg stammen vom Sitz eines Volkmar von Burgstall. Die ehemals auf der von Mösern und Sümpfen eingenommenen Talsohle wachsenden Schilfe und Riedgräser, die als Streu und Roßheu sowie bis 1800 zum Eindecken der Dächer verwendet wurden, stellten früher einen Großteil der Gemeindeeinnahmen Burgstalls dar. Heute wird der gesamte Talbereich um den Ort von ausgedehnten Obstplantagen bestimmt, während sich an den sonnigen Hängen fruchtbare Weingärten befinden.

Sehenswert im Ort und in der Umgebung
Die von Volkmar von Burgstall 1383 errichtete **Kapelle,** um 1500 umgebaut. Der **Spitzturm** und **Chor** der einstigen **Dreikönigskirche;** daran angebaut die hl. Kreuzkirche (1868). Sehenswerter **Friedhof.**

Höhe: 596 m, Einwohner: 1.900, Postleitzahl: I-39013, Tel.-Vorwahl: 0473. **Auskunft:** Verkehrsamt Dorf Tirol, Tel. 93314.

Dorf Tirol ist die älteste Dorfsiedlung des Burggrafenamtes. Nach ihr wurden das Stammschloß und das ganze Land benannt. Das Dorf mit seiner Kirche, den weiß leuchtenden Bauernhöfen und alten Edelsitzen die Höhe des Küchelberges krönend, wirkt wie ein historisches Wahrzeichen über dem Meraner Kessel. Das Gemeindegebiet umfaßt den Dorfkern mit dem Kirchen- und Waalviertel, sowie die Siedlungen Aichach und Haslach. Es erstreckt sich bis zum Finele- und Spronser Tal und zieht hinauf bis zu den Muthöfen, uralten einstigen Bergbauern-Schwaigen, die aus der bayerischen Siedlungsgeschichte stammen. Besonders malerisch wirkt der Dorfkern. Hier drängen sich alte Ansitze und Bauerngehöfte. Ein großer Teil von ihnen ist heute umgebaut und für den Fremdenverkehr eingerichtet, ohne daß das alte Gesicht des Dorfes verloren gegangen wäre. Die Namen einiger Bauernhöfe erinnern noch heute an die früheren adeligen Besitzer.

Sehenswert im Ort und in der Umgebung

Die **St.-Johannes-Pfarrkirche** wurde 1161 erstmals erwähnt. Ihr Ursprung geht auf die vorkarolingische Zeit zurück. Der romanische Turm (13. Jh.) erhielt im 17. Jh. ein Oktogon und eine Zwiebelhaube aufgesetzt. Im Chor (um 1380) ein Kreuzgewölbe. Am neugotischen Hochaltar drei Statuen des ehemaligen spätgotischen Schreines. An der Wand Flügelreliefs mit den Heiligen Petrus und Paulus. Die Kreuzwegbilder stammen vom Hamburger F. Wasmann (um 1855.) Das **Pfarrwidum** mit Wappenmalereien (1450 – 1528). Die **St. Ruprechtskirche** wurde im 15. Jh. in gotischem Stil umgebaut. An der Außenwand schöne Fresken eines Meisters der Meraner Schule (um 1420). **St. Peter in Gratsch** zählt zu den ältesten Kirchen Tirols. Sie wurde im 9. Jh. als Kreuzkuppelkirche erbaut. Umbauten fanden vom 13. – 15. Jh. statt. Unter dem Hochaltar eine halbverschüttete Krypta. Innen- und Außenwände tragen reichen Freskenschmuck verschiedener Epochen. Am Seitenaltar eine Pietà (um 1500). **Schloß Tirol,** die Stammburg des Landes und Sitz der Grafen von Tirol wurde um 1141 von den Grafen von Vinschgau erbaut. Sie wurde im 16./17. Jh. stark vernachlässigt und im 19. Jh. restauriert. Die Burg war Regierungssitz bis zum Ende der Herrschaft der Margarete Maultasch (1363). Beachtenswert das reichskulptierte Rundbogenportal zum Palas aus Marmor. Im Saal des Palas eine Balkendecke und Biforienfenster. In der anschließenden Kapelle mit umlaufender Holzgalerie, Kupferstiche, Skulpturen und schöne Wand- und Glasgemälde. **Schloß Brunnenberg** auf einem Moränenhügel unterhalb Schloß Tirol wurde im 13. Jh. errichtet und im Jahr 1904 historisch nicht stilgerecht neu aufgebaut. Sie beherbergt heute das Landwirtschaftliche Museum. Zahlreiche ehemalige Edelsitze und heutige Gast- und Bauernhöfe: **Gasserhof, Wenzelhof, Wirt in der Stift, Mair am Turm, Sonnenwirt, Schrottwirt** (Heimat Fanny Elßlers und ihrer Schwester, später Prinzessin von Preußen).

GARGAZON

Höhe: 267 m, Einwohner: 1.000, Postleitzahl: I-39010, Tel.-Vorwahl: 0473. **Auskunft:** Verkehrsverein Gargazon, Tel. 91234.

Gargazon ist ein freundliches Dorf an der großen Verbindungsstraße Bozen–Meran. Nach einem Dornröschenschlaf, in den es nach der Postkutschenzeit verfiel, hat sich der Ort allmählich wieder als Zentrum des Obstbaues neue Bedeutung erobert. Der Gargazoner, auch Aschler Bach, bildete im Mittelalter die Grenze zwischen den Grafschaften Bozen und der um das Burggrafenamt erweiterten Grafschaft Vinschgau. Die Siedlung war auch Sitz eines sogenannten Kleinen Gerichtes. Das Zentrum des schmucken Haufendorfes am Fuß des Tschöggelberges bilden die Kirche, die Schule und das Gemeindehaus. Dazu kommen Einzelhöfe in der fruchtbaren Obstlandschaft der Etschtalsohle. Erwerbsmäßig ist Gargazon heute eine Arbeiter-Bauern-Gemeinde, von der aufgrund der guten Verkehrsverbindungen zahlreiche Arbeitnehmer nach Bozen und Meran pendeln.

Sehenswert im Ort und in der Umgebung
Die 1337 erwähnte alte **Johanniskirche,** jetzt Totenkapelle. Die **neue Kirche,** 1902 fertiggestellt. **Bergfried** der vermutlich 1237 erbauten Burg, **Krölltturm** genannt (Trautson-Wappen über dem Eingang).

HAFLING

Höhe: 1.290 m, Einwohner: 600, Postleitzahl: I-39010, Tel.-Vorwahl: 0473. **Auskunft:** Verkehrsverein Hafling, Tel. 99421.

Das 27 Quadratkilometer große Hochplateau von Hafling schließt eines der beliebtesten Wandergebiete und seit neuester Zeit immer häufiger aufgesuchten Skigebiete Südtirols ein. Hier endet der sogenannte Tschöggelberg, der von Jenesien oberhalb Bozens herüberzieht. Die Gemeinde besteht aus dem Dorf Hafling und dem Weiler Falzeben am Fuß des Piffingerköpfls. Das Kirchlein St. Katharina zählt zu den charakteristischen Wahrzeichen des Landschaftsbildes über Meran. Aus der einstigen kleinen Hotelkolonie hat sich der beliebte Luftkurort für Sommergäste und »Meran 2000« mit seinen idealen Möglichkeiten für den Wintersport entwickelt.

Sehenswert im Ort und in der Umgebung
Die **St.-Katharina-Kirche** aus dem Jahr 1291, im 17. Jh. umgebaut.

LANA

Höhe: 289 m, Einwohner: 6.500, Postleitzahl: I-39011, Tel.-Vorwahl: 0473. **Auskunft:** Verkehrsamt Lana, Tel. 51770.

Die Gemeinde Lana setzt sich aus den Ortsteilen Ober-, Mitter- und Niederlana sowie der Fraktion Völlan zusammen. Bei Oberlana mündet das Ultental in das Etschtal, hier tritt der Valschauerbach durch die wilde Gaulschlucht in die Ebene hinaus. Die vom Nonstal über den Gampenpaß heranführende Autostraße endet in Lana. Dank des guten Klimas und der sorgfältigen Kultivierung sogenannter Möser (Auen) gilt Lana heute als das Zentrum des Südtiroler Obstbaues. Im Ort bestehen verschiedene Industriezweige für Obstverwertung, außerdem noch Holz-

Lana bei Meran

verarbeitungsbetriebe. Ursprünglich der Grafschaft Trient zugehörend, wurde das Gebiet 1253 den Tiroler Grafen zugeschlagen. Der Deutsche Ritterorden errichtete hier 1215 seine »Ordensballei an der Etsch«. Der Orden hat hier noch immer seinen Sitz. Die in Lana seßhaften Grafen Brandis zählten zu den einflußreichsten Adelsherren des Landes. Von der locker bebauten Siedlung am Eingang der romantischen Gaulschlucht, führt eine Seilbahn auf das aussichtsreiche Vigiljoch.

Sehenswert im Ort und in der Umgebung

Die dem Deutschen Orden gehörende **Pfarrkirche Maria Himmelfahrt** in Niederlana wurde 1485–1492 erbaut. Die auf toskanischen Säulen ruhende Vorhalle kam um 1600 dazu. Das reich gegliederte Innere birgt den größten geschnitzten Flügelaltar Tirols, der um 1500 vom Meraner Hans Schnatterpeck geschaffen wurde. Die Flügelbilder stammen von Hans Schäuffelein. Die Kanzel mit Maßwerkbrüstung und das Kruzifix am Chorbogen sind aus dem frühen 16. Jahrhundert. An der Chorwand ein Altarbild von Christof Helfenrieder (um 1650). Die **St. Margarethenkapelle** am Berghang in Mitterlana wurde im 12. Jh. erbaut und 1215 von Kaiser Friedrich II. dem Deutschen Orden geschenkt. Der Bau wurde im 17. Jh. umgewandelt. Am Chorbogen und in den 3 Apsiden romanische Fresken aus der Zeit um 1220. Der Altar stammt von 1687. Die **St. Magnuskapelle** im Ortsteil Gagers wurde 1703 als Gutshofkapelle des Klosters St. Mang in Füssen errichtet. An den Seitenaltären Plastiken von J. Seitz aus Füssen. Die **Pfarrkirche Hl. Kreuz** in Mitterlana wurde 1938 erbaut. Beachtenswert das Orgelwerk und das Turmdach (»Lanaer Apfel«). Die **Ruine Brandis,** die ehemalige Stammburg des Reichsgrafen Brandis, entstand im 12. Jh. Noch erhalten ist der Bergfried mit mehreren Geschossen und Doppelbogenfenstern. Oberhalb der Gaulschlucht **Schloß Braunsberg** aus dem 13. Jh., ein einfacher Bau mit Ringmauer, Palas, turmförmigem Nebengebäude und St. Blasiuskapelle. Die **Leonburg** auf einem Hügel in der Nähe der Gampenstraße stammt aus dem 13. Jh. Die von zwei wuchtigen Türmen geprägte Anlage ist seit Jahrhunderten in Besitz des Grafen von Brandis. Die Ruine der um 1200 erbauten **Mayenburg** bei Völlan. Ihre Herren waren die Grafen Eppan, dann die Grafen von Tirol.

LAUREIN
Höhe: 1.148 m, Einwohner: 470, Postleitzahl: I-39040, Tel.-Vorwahl: 0463. **Auskunft:** Gemeindeverwaltung Laurein, Tel. 30108.

Ebenso wie Proveis bildet die Gemeinde Laurein eine der in das italienische Sprachgebiet des Nonsberges seit dem 13. Jh. vorgeschobenen deutschen Sprachinseln. Daß diese Ansiedlung wohl noch früher erfolgte, bestätigen Urkunden aus dem 12. Jh. Das an der Provinzstraße nach Fondo liegende Bergdorf lehnt sich an die Waldterrassen des Oberberges und Brezer Joches.

Sehenswert im Ort und in der Umgebung
Die **Pfarrkirche** aus dem 16. Jh. und ihre im 15. Jh. gegossene Glocke. Das benachbarte **Proveis** mit den Wirkens- und Gedenkstätten Franz Xaver Mitterers. Der **Rundblick** vom Rufer auf die Bergketten der näheren und weiteren Umgebung. Die Reste der **Wallburg** auf dem **Rufer.**

MARLING
Höhe: 368 m, Einwohner: 2.200, Postleitzahl: I-39020, Tel.-Vorwahl: 0473. **Auskunft:** Verkehrsverband Marling, Tel. 47147.

Die Gemeinde Marling am rechten Etschufer ist Meran unmittelbar benachbart. Durch ihre Lage am Fuß des Marlinger Berges ist sie windgeschützt und ermöglicht während der heißen Jahreszeit einen angenehmen Aufenthalt. Prächtige Bauernhöfe, sehr viele Fremdenheime und Gaststätten treten in bunter Vielfarbigkeit zwischen den Weinbergen und Obstkulturen hervor. Die Siedlung, die bereits im 13. Jh. als Merninga genannt wird, gehörte einmal zur Grafschaft Eppan-Ulten. Mit dem Aussterben dieses Welfengeschlechtes erhielten die Grafen von Tirol Marling als Lehen und übernahmen es mit den benachbarten Ortschaften in ihr Burggrafenamt.

Sehenswert im Ort und in der Umgebung
Die **Pfarrkirche Maria Himmelfahrt,** 1889, neugotisch. Von der ursprünglich romanischen Kirche, 13. Jh., sind nur mehr der Turm und die als Sakristei dienende Seitenkapelle erhalten. Fresken und Holzskulpturen. **Schloß Lebensberg** oberhalb Tscherms, 12. Jh., war von 1426–1828 im Besitz des verdienten Tiroler Grafengeschlechtes Fuchs von Lebenberg. Prächtiger Rittersaal, Holz- und Stuckdecken; Burgkapelle, 14. Jh.; im 16. Jh. umgebaut.

Stadtgemeinde, Provinz Bozen, Einwohner: 33.000, Höhe: 325 m, Postleitzahl: I-39012. **Auskunft:** Kurverwaltung Meran, Tel. 0473/35223. **Bahnstation:** Meran. Omnibusverkehr im Stadtgebiet grün, nach den umliegenden Orten blau. Postlinien nach Bozen, nach dem Vinschgau, nach dem Passeier-, Ulten-, Schnals- und Nonstal. Fernautobuslinien nach Triest und Landeck, zur Saison nach Innsbruck, München, St. Moritz, Davos, Gardasee, Mailand, Genua, Sulden, Stilfserjoch, Predazzo, San Martino di Castrozza, Cortina d'Ampezzo, Venedig.

Bergbahnen: 1. Schwebebahn Obermais-Hafling, Tal 350 m, Berg 1.235 m, Länge 2.555 m; 2. Lana-Vigiljoch, Tal 312 m, Berg 1.485 m, Länge 2.200 m; 3. Burgstall-Vöran, Tal 270 m, Berg 1.187 m, Länge 2.150 m; 4. Sessellift Meran-Küchelberg, Tal 390 m, Berg 480 m, Länge 500 m. – Nach »Meran 2000« (Skigebiet, Skizirkus). 5. Ifinger-Seilbahn, Tal (Naiftal) 680 m, Berg (Piffinger Köpfl) 1.950 m, Länge 3.640 m; 6. Kabinenseilbahn Kirchsteiger Alm, Tal 1.905 m, Berg 1.938 m, Länge 2.318 m; 7. Doppelsessellift Kesselwandjoch, Tal 1.938 m, Berg 2.300 m, Länge 1.730 m; 8. Sessellift auf den Mittager, Tal 1.938 m, Berg 2.205 m, Länge 1.292 m; 9. Sessellift Kuhleiten, Tal 1.820 m, Berg 2.360 m, Länge 1.430 m; 10. Sessellift Falzeben-Piffing, Tal. 1.621 m, Berg 1.905 m, Länge 1.635 m; 11. Gondelbahn Schennaberg-Taser (4 km), Tal 800 m, Berg 1.450 m, Länge 1.800 m; 12. Sessellift Algund-Vellau (4 km), Tal 350 m, Berg 972 m, Länge 1.200 m; 13. Korblift Vellau-Leiteralm, Tal 975 m, Berg 1.500 m, Länge 1.230 m; 14. Seilbahn Tirol-Hochmuter, Tal 650 m, Berg 1.350 m, Länge 1.830 m; 15. Seilbahn Verdins-Oberkirn, Tal 861 m, Berg 1.458 m, Länge 2.040 m; 16. Sessellift Oberkirn-Grube, Tal 1.458 m, Berg 1.808 m, Länge 1.360 m; 17. Sessellift Grube-Sonntagsweide, Tal 1.808 m, Berg 2.208 m, Länge 1.400 m (fährt nur im Winter).

Sehenswert in der Stadt

Das **Vinschgauer Tor** ist ein einfacher, niedriger Turm mit einer Rundbogendurchfahrt. Das ehemalige Stadttor diente früher als Bürgergefängnis und Teil des Befestigungswerkes. Hier endete der Rennweg. Der Spatzenturm nördlich außerhalb des Tores zeigt heute noch Spuren der Kämpfe von 1809.

Unweit davon das im 16. Jh. erbaute **Kapuzinerkloster** mit einem Kirchlein. Letzteres wurde 1711–1712 vollständig umgestaltet.

Im **Städtischen Museum** am Fuß des Segenbühels sind neben einer Sammlung vorgeschichtlicher Funde der Umgebung, 4 Menhire aus Algund (400 v. Chr.) sowie je ein Menhir aus Tramin und Vöran zu sehen. Die bis zu 2,70 Meter hohen Steine zeigen in ihrer Form klar menschliche Figuren mit Symbolen auf. Bei den dargestellten Personen dürfte es sich vermutlich um Führer der Bevölkerung dieses Gebiets gehandelt haben. Außerdem enthält das Museum interessante geologische Objekte, volkskundliche Sammlungen sowie ein reiches Repertoire an gotischen Kunstwerken, wie Tafelbilder von Altären, ein Flügelaltar aus St. Michael an der Etsch (um 1510) und Gemälde des 13./14. Jh.s. Dazu kommen zahlreiche jüngere Malereien einheimischer Künstler, sowie ein Modell der ersten Schreibmaschine von Peter Mitterhofer (1822–1892).

Ebenfalls in der Galileistraße befindet sich die **landesfürstliche Burg,** die um 1480 von Herzog Sigmund dem Münzreichen mit Türmen, einem Holzsöller und ummauertem Hofraum erbaut wurde. Er diente den Grafen von Tirol als Stadtresidenz. Beachtenswert sind die gut erhaltenen Einrichtungsgegenstände des 15. und 16. Jh.s, denen im 19. Jh. weitere gotische Möbel hinzugefügt wurden. Ein eigentümlicher Ofen mit Zinnen zeigt auf seinen Kacheln Figuren und Wappen der Österreichischen Länder (15. Jh.). Durch die Wachstube gelangt man in die Burgkapelle, in der sich herrliche Wandfresken aus dem Ende des 15. Jh.s befinden. Die Malereien wurden 100 Jahre später erneuert. Die Kapellenausstattung stammt aus dem 19. Jh. Vor dem Altar ein emaillierter

Boden, darüber das Fresko einer Kreuzigungsgruppe (1450). Über der Kapelle befand sich ehemals der Rittersaal.

Ein typischer Bau der Hochgotik ist die **Pfarrkirche St. Nikolaus** am oberen Ende der Lauben. Sie wurde am Anfang des 14. Jh.s erbaut. Ihre Einwölbung erfolgte erst 1448–1480. Der ehemals dreigeschossige Turm erhielt 1617 seinen achteckigen Oberbau mit Haube. 1822 wurde die Kirche vollkommen renoviert. Beachtenswert ist vor allem die Turmvorhalle, die zu den bedeutendsten Werken hochgotischer Bauplastik in Tirol zählt. Als Schlußstein des Kreuzgewölbes dient der Tiroler Adler. An den Wänden wertvolle Fresken. Die Steinplastik des hl. Nikolaus an der Außenwand der Kirche stammt von einem Künstler der Rottweiler Schule (um 1350). Die Inneneinrichtung wurde im 19. Jh. großteils zerstört oder verändert. Sehenswert der gotische Flügelaltar (um 1500) an der Nordseite, der aus der Menarduskirche in Tarsch stammt, die Sandsteinkanzel (um 1500) sowie mehrere Holzplastiken. An der Kirche Grabsteine des 16. Jh.s.

Neben der Pfarrkirche die 1420–1425 errichtete Barbarakapelle. Sie ist eine zweistöckige, alte Friedhofskapelle in gotischem Stil. Die Unterkapelle dient als Gruft. In ihr befindet sich eine Pietà (um 1500). In der Oberkapelle ein Flügelaltar aus dem 15. Jh. An der Außenwand ein großteils überarbeitetes Gemälde des hl. Christoph (um 1450).

Der Ursprung der **Spitalskirche zum hl. Geist** geht auf das 13. Jh. zurück. Sie wurde jedoch 1418 durch den Ausbruch des Rabensteiner Sees zerstört. Den Wiederaufbau ließ Herzog Sigmund Mitte des 15. Jh.s vornehmen. Das Kielbogenportal ist aus dem Jahr 1440. Das Innere ist ein dreischiffiger Raum mit einem Umgangschor. Am mittleren Pfeiler der neugotische Hochaltar mit vier Reliefs aus dem Marienleben. An den Seitenaltären Reliefs und Bilder aus der Zeit um 1500. Die Kreuzigungsgruppe wurde im 14. Jh. geschaffen. Bedeutende Fresken sind über dem Hochaltar und an der Außenwand (beide 15. Jh.) zu sehen. Unweit der Kirche steht eine Bronze-Madonna des Meraners Volante. Das **Bozener Tor** ist ein imposanter Quaderbau mit einer Rundbogendurchfahrt, der an seiner Südseite einen gemalten Doppeladler sowie die in Stein gemeißelten Wappen (15. Jh.) von Österreich, Tirol und Meran trägt. Im Inneren das Henkerstübchen.

Wohl der bekannteste Wanderweg Südtirols ist der **Tappeinerweg,** der etwa 100 Meter oberhalb der Stadt am Küchelberg entlangführt. Er führt von der Passeierstraße bis nach Gratsch (etwa 4 km). Sein Name erinnert an den früheren Meraner Bürgermeister Dr. Tappeiner, der die Stadt zu einem berühmten Kurort mit internationalem Ruf werden ließ. In der Turmgasse steht das **Passeirer Tor,** ein schlanker Turm mit einem Spitzbogentor und viereckigem Pyramidendach. Er ist Teil eines romanischen Häuserblocks an der Mündung des Passeiertales.

Die **Zenoburg** auf einem Felsen hoch über der Passerschlucht stellte im 12./13. Jh. eine ausgedehnte Wehranlage dar. Sie war um 1140 im Besitz der Herren von Suppan, 1290 von Herzog Meinhard II. gekauft und zur Residenz ausgebaut worden. Die Burg wurde 1347 aus Rache gegen Margarete Maultasch v. Karl von Böhmen zerstört und nicht mehr aufgebaut. Erhalten blieb die zweigeschossige romanische Burgkapelle mit zwei Rundapsiden. Im Inneren prächtige Fresken und Reliefs. Zentrum der **Kuranlagen** sind das Thermalcenter, das berühmte Kurhaus an der Freiheitsstraße und die zahlreichen Promenadewege entlang der Passer.

Nähere Angaben über die Geschichte und Sehenswürdigkeiten finden Sie im **KOMPASS-Stadtführer Meran,** erschienen im selben Verlag.

Sehenswertes in der Umgebung
Ruine des Schlosses **Planta** in Obermais. Sein ursprünglicher Name Greifen stammt vom gleichnamigen Adelsgeschlecht aus Lana, das 1440 ausgestorben ist. Die Vergrößerung der Burg wurde im 17. Jh. von den aus dem Engadin stammenden Herren von Planta vorgenommen. Erhalten blieb bis heute ein Wohntrakt aus dem 17. Jh. sowie Türme und Wehrmauern aus dem 16. Jh.
Das inmitten von Weinbergen liegende **Schloß Rametz** befindet sich im Stadtteil Obermais jenseits des Naifbaches. Sein Ursprung geht vermutlich auf die Römerzeit zurück. Schriftlich wurde es erstmals 1227 erwähnt. Ende des 14. Jh.s wurde es zum Edelsitz erhoben. Seine heutige Gestalt erhielt das Schloß 1843. Beachtenswert sind die schönen Fresken. **Schloß Fragsburg,** in 734 Meter Höhe oberhalb Sinich, geht auf das 14. Jh. zurück. Es entstand wahrscheinlich über einer prähistorischen Anlage. Der einfache, wenig bewehrte Bau zeigt noch Spuren verschiedener Epochen. Bemerkenswert der nach Süden offene Loggienhof und die Kasettendecke des einstigen Rittersaales im Obergeschoß. Unmittelbar am Etschübergang nordwestlich von Meran erhebt sich auf einem kleinen Hügel das **Schloß Vorst** mit zwei Türmen, Kapelle, Wohntrakten und einem malerischen Innenhof. Der Unterteil des Turmes stammt aus der Römerzeit, genannt wird das Schloß aber erst im 13. Jh., als es im Besitz der Herren von Vorst war. 1806 brannte es zum Teil ab. 1886 wurde es umfassend erneuert und später unter Wahrung der historischen Form zu einem Hotel umgewandelt. 1421 wurde in den Mauern der berühmte Minnesänger Oswald von Wolkenstein für drei Monate hier gefangen gehalten.
Schloß Labers befindet sich in aussichtsreicher Hanglage in Meran-Obermais. Es wurde vermutlich im 12. Jh. erbaut und Mitte des 19. Jh.s umfassend renoviert.
Inmitten eines herrlichen Parkes in Obermais liegt das anfangs des 13. Jh.s erbaute **Schloß Rubein** mit seinem fünfgeschossigen Wohnturm. Es wurde im 16. Jh. umgebaut und im 19. Jh. modernisiert. Das Schloß ist heute im Besitz des Grafen Du Parc.
Die **Pfarrkirche zum hl. Vigilius** ist seit dem Jahr 1273 bekannt. Der Chor stammt von 1400. In spätgotischer Zeit erfolgte ihr Umbau. Nach einem Brand wurde die Kirche 1884 wieder aufgebaut. 1936 fand eine Renovierung statt. Die 1332 erstmals genannte **Maria-Trost-Kirche** in Untermais beherbergt wertvolle Wandgemälde und zahlreiche Grabsteine von Edelleuten.

NALS

Höhe: 331 m, Einwohner: 1.000, Postleitzahl: I-39010, Tel.-Vorwahl: 0471. **Auskunft:** Verkehrsverein Nals, Tel. 58619.

Die Gemeinde Nals, auf der rechten Seite des Etschtales gelegen, ist ein Mittelpunkt des Südtiroler Obstbaues. In dieser Landschaft gedeiht der weiße Sirmianer zusammen mit anderen bekannten Weinen des Etschlandes. Malerische Burgen über den Schluchten des Sirmianer und Grissianer Baches und Rebhügel, die sich weit in die Ebene vorschieben, verbinden hier Natur und Siedlung zu einer harmonischen Einheit.

Sehenswert im Ort und in der Umgebung
Die **Pfarrkirche. Schloß Schwanburg,** 13. Jh., im 16. Jh. umgebaut, mit eingemauerten römischen Steinen; seltene Edelhölzer im Park, einst von Minnesängern gepriesen. Die Halbruine **Payersberg,** 13. Jh. **St. Appollonia,** die vielleicht reizvollste Hügelkapelle Südtirols. Das **St. Jakobskirchlein** zu Grissian, 12. Jh.; romanische Fresken. Die **Fahlburg,** 1515 vergrößert. Burg **Katzenzungen.** Die **Wehrburg. Ruine Kasasch.**

PROVEIS

Höhe: 1.420 m, Einwohner: 400, Postleitzahl: I-39040, Tel.-Vorwahl: 0463. **Auskunft:** Verkehrsverein Proveis, Tel. 30106.

Die zum großen Teil nur aus Hofsiedlungen an den Berghängen bestehende Gemeinde Proveis gehört zu den deutschen Sprachinseln, die sich südlich des Ultentales in das italienischsprachige Nonstal vorschieben. Nachweisbar ist, daß die Eppaner Grafen hier im 11. Jh. deutsche Schwaighofpächter ansiedelten. Anfang des 13. Jh.s gesellten sich deutsche Bergknappen dazu (vgl. daher die noch heute in der Gegend gebräuchlichen Bezeichnungen »Knappenlöcher«). Die große Armut der Bevölkerung veranlaßte den Kuraten Franz Xaver Mitterer (1824−1899), neue Erwerbszweige für die Einheimischen zu schaffen. Er gründete eine Spitzenklöppel- und Korbflechterschule. Von Bedeutung war auch Mitterers Kampf um die Erhaltung der deutschen Sprache. Die Gründung des »Deutschen Schulvereins« in Wien 1880, des »Frankfurter Vereins zur Unterstützung deutscher Schulen im Ausland« als Vorläufer des späteren »Vereins für das Deutschtum im Ausland« zur Erhaltung des Kulturgutes deutscher Volksgruppen im Ausland, ist auf Mitterers Initiative zurückzuführen. Bei seinem Tode galt Proveis als deutsche Mustergemeinde an der Sprachgrenze.

Sehenswert im Ort und in der Umgebung
Die unter Franz Xaver Mitterer 1870−1876 errichtete neugotische **Pfarrkirche,** bemerkenswerte Gemälde.

RIFFIAN

Höhe: 504 m, Einwohner: 900, Postleitzahl: I-39010, Tel.-Vorwahl: 0473. **Auskunft:** Verkehrsverein Riffian-Kuens, Tel. 41076.

Durch Riffian führt die Straße von Meran ins Passeiertal. Die langgestreckte Siedlung liegt auf einer Höhenterrasse am Sockel eines sich zwischen dem Spronser- und dem Falser-Tal gegen das Passerbett vorschiebenden Hochgebirgsausläufers. Riffian ist ein bekannter Wallfahrtsort. Alte Bauerngehöfte und zahlreiche neu entstandene Villen sind in dem schmucken Ort eine glückliche Verbindung eingegangen.

Sehenswert im Ort und in der Umgebung

Die **Pfarr- und Wallfahrtskirche zur Schmerzhaften Muttergottes** erhielt um 1670 ihr heutiges Aussehen mit Querschiff und Kuppel. Das Kuppelfresko und die reichen Roccaillestukkaturen stammen aus dem 18. Jh. Im Hochaltar eine Pietà aus der Zeit um 1400. Der Taufstein zeigt interessante Stuckornamente und Reliefs (um 1400). In der Gnadenkapelle Fresken des Malers Magister Wenzl. Der **Turm** zu Riffian im Unterwirt, 1369 im Besitz Peters von Schenna. Die **Friedhofskapelle Unserer Lieben Frau,** ein quadratischer Bau mit Pyramidendach wurde um 1400 errichtet. Im Inneren prächtige Malereien des Meraner Meisters Wenzel (1415). Sie zeigen Szenen des Alten und Neuen Testaments.

ST. FELIX

Höhe: 1.225 m, Einwohner: 400, Postleitzahl: I-39100, Tel.-Vorwahl: 0463. **Auskunft:** Verkehrsverein Unsere Liebe Frau im Walde – St. Felix.

St. Felix an der Gampenstraße ist eine kleine Dorfsiedlung in geschützter Lage, 4 Kilometer unterhalb des Gampenjoches. Die Siedlung zählt zu den vier in das italienische Sprachgebiet vorgeschobenen Sprachinseln. Der Ort hieß ursprünglich im Volksmund »Im Berg«. Der heutige Name entstand mit dem Bau der gleichnamigen Kirche im 18. Jh.

Sehenswert im Ort und in der Umgebung

Die **Kuratialkirche zum hl. Nikolaus** wurde 1330 errichtet. Ende des 15. Jh. umgebaut. In der Barockzeit wurde das Langhaus verändert und vergrößert. Spätgotische Spitzbogentüren. Die Flachbogenfenster und die Tonnenwölbung stammen aus dem Barock.

SCHENNA

Höhe: 640 m, Einwohner: 2.200, Postleitzahl: I-39017. Tel.-Vorwahl: 0475. **Auskunft:** Verkehrsamt Schenna, Tel. 95669.

Das Dorf Schenna, ein beliebter Fremdenort in der unmittelbaren Nachbarschaft von Meran, duckt sich ein wenig in eine Mulde zu Füßen des den Meraner Kessel weit überschauenden Ifinger. Die Obstkulturen, Weinberge und Kastanienhaine auf der Höhenterrasse stehen mit den dunklen Tannen des Bannwaldes an den Hängen des Ifingerstocks in reizvollem Gegensatz. Die beiden Wahrzeichen Schennas sind die Pfarrkirche mit dem benachbarten Mausoleum Erzherzog Johanns von Österreich und seiner Gemahlin, und die Burg Schenna. Wunderschön ist der Rundblick auf den gegenüberliegenden Küchelberg und die Dörfer an der Schwelle des Passeiertales zu Füßen der Mutspitze, des Hahnenkamms und der Sattelspitze. Das Gemeindegebiet erstreckt sich über den Weiler Verdins bis nach Tall, jenseits der Masulschlucht.

Sehenswert im Ort und in der Umgebung

Die **Pfarrkirche Maria Himmelfahrt;** ursprünglich romanischer Bau, noch am Turm und am Langhaus erkennbar, um 1500 umgebaut. Die

Schenna bei Meran

neue Pfarre wurde 1931 vollendet. Im Innern Malereien von A. Atzwanger und J. Oberkofler neben Fresken und Skulpturen aus dem 16., 17., 18. Jh. Die **St.-Martins-Kapelle,** um 1200 errichtet, 1922 restauriert. Das **Mausoleum,** Grabstätte des Erzherzog Johann und seiner Gemahlin, Anna Plochl. **Schloß Schenna,** 1550 vom Tiroler Burggrafen und Günstling der Margarethe Maultasch auf dem ihm vom Markgraf Ludwig von Brandenburg und Herzog von Bayern geschenkten »Gesaß auf dem Bichel« (Bühel) erbaut. Das Schloß dient heute den Nachkommen des Erzherzogs Johann, den Grafen von Meran, als Sommersitz. Im Innern: Waffen und Rüstungssammlung, Jagdtrophäen, Rittersaal mit Prunkofen, Wiege Andreas Hofers, Wohnzimmer des Erzherzogs, wertvolle Gemälde. **Schloß Goyen,** eine der ältesten Burgen im Raum Meran; Entstehung unbekannt, wohl im 12. Jh.; ursprünglich Besitz der Milser (Milsertum), derzeit Besitz der Familie van Hock. Sehenswerte Burghöfe, schöner Bergfried mit Ringmauern, Palas und Wohnturm. Die **Rundkirche zum hl. Georg** in Oberdorf bei Schenna, der Überlieferung nach einstige Burgkapelle von Alt-Schenna, 1149 erwähnt. Gotische Wandmalereien; auffallend das Stifterpaar, anscheinend ein Bauernknecht und Gattin; Gotische Figuren am Flügelaltar.

TISENS

Höhe: 631 m, Einwohner: 1.700, Postleitzahl: I-39010, Tel.-Vorwahl: 0473. **Auskunft:** Verkehrsverein Tisens, Tel. 90822.

Das als Sommerfrische sehr beliebte Dorf Tisens liegt auf der südlich das mittlere Etschtal begleitenden Mittelgebirgsterrasse. Dahinter erhebt sich die bewaldete Kuppe des Gall (1.626 m).

Sehenswert im Ort und in der Umgebung
Die **Pfarrkirche Mariä Himmelfahrt** wurde um 1525 erbaut. Beachtenswert die prächtigen Glasgemälde in den Chorfenstern (um 1520). Im **Friedhof** eine Lichtsäule (um 1520). Die **Friedhofskapelle** mit Fresken (um 1485). Auf einem Hügel nördlich des Ortes die **St.-Hippolyt-Kirche.** Sie wurde erstmals 1286 erwähnt. Funde aus der jüngsten Steinzeit sowie vorgeschichtliche Siedlungsreste mit Wallburg bestätigen, daß die Kirche auf dem Boden einer der ältesten Kultstätten Tirols steht. Im **St. Jakobs-Kirchlein** in Grissian wurde 1927 in der Rundapsis ein bedeutender Freskenkomplex (um 1100) entdeckt. Dieser zeigt stilistische Anlehnungen an die Burgkapelle von Hocheppan.

TSCHERMS

Höhe: 315 m, Einwohner: 1.100, Postleitzahl: I-39010, Tel.-Vorwahl: 0473. **Auskunft:** Verkehrsverein Tscherms, Tel. 51015.

Sehenswert im Ort und in der Umgebung
Die **St. Sebastianskirche. Schloß Lebenberg** wurde im 13. Jh. von den Herren von Marling erbaut.

UNSERE LIEBE FRAU IM WALDE

Höhe: 1.351 m, Einwohner: 370, Postleitzahl: I-39010. Tel.-Vorwahl: 0463. **Auskunft:** Verkehrsverein Unsere Liebe Frau im Walde – St. Felix.

Sehenswert im Ort und in der Umgebung
Die **Pfarrkirche zu Unserer Lieben Frau** wurde bereits 1184 als Hospiz erwähnt. 1224 erhielt dieses die Augustinerregel und wurde 1321 dem Chorherrenstift Au bei Gries einverleibt. Der heutige Bau stammt aus dem 15. Jh. Im Inneren reiche Barockaltäre und das Gnadenbild (Wallfahrtsort).

VÖRAN

Höhe: 1.204 m, Einwohner: 600, Postleitzahl: I-39010, Tel.-Vorwahl: 0473. **Auskunft:** Verkehrsverein Vöran, Tel. 91440.

Die Gemeinde bildet die Grenze des Burggrafenamtes auf der Mittelgebirgsstraße des Tschöggelberges. Sie ist mit dem Etschtal durch die Seibahn Burgstall-Vöran verbunden. Der Name Feran taucht bereits in der Zeit zwischen 800–1000 n. Chr. auf. Inmitten herrlicher Bergwiesen und sanfter Kuppen gelegen, zählt die Landschaft um Vöran zu den beliebtesten Ausflugszielen der Meraner und Bozener Gäste.

Sehenswert im Ort und in der Umgebung
Die **Kirche,** 1330 als Kuratialkirche errichtet, mit spätgotischen Spitzbogentüren. Die Flachbogenfenster und die Tonnenwölbung stammen aus einem Umbau aus dem Zeitalter des Barock. **Burg Katzenstein,** ungefähr 13. Jh.

Wanderungen und Bergtouren im Burggrafenamt

 Wanderung: St. Felix – Tretsee – Schöneck – Gampenpaß

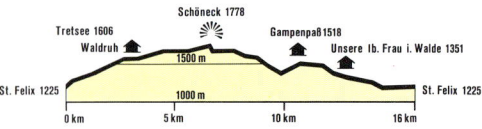

Ausgangsort: St. Felix am Nonsberg
Parken: Gasthof Rose
Höhenunterschied: 530 m

Wanderzeit: 5 Std.
Schwierigkeitsgrad: leicht!
Einkehr: Gasthof Waldruh, Gampenpaß

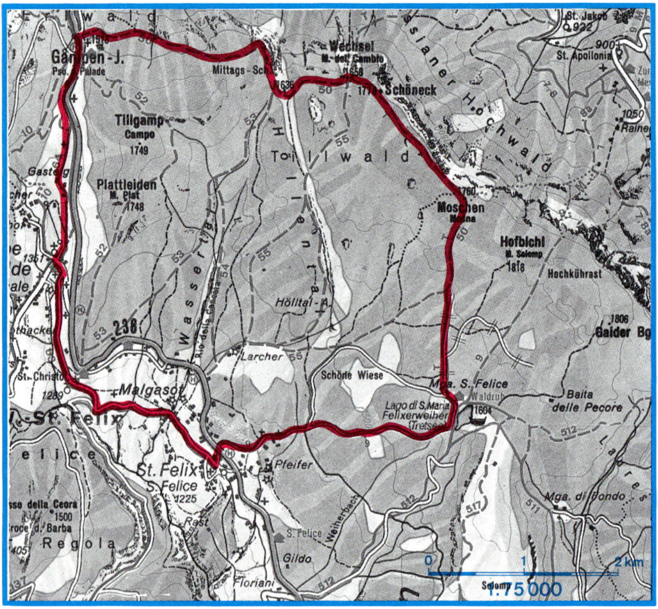

Tourenverlauf: St. Felix erreicht man von Lana aus über den Gampen-paß. Kurz vor dem Dorf, beim Gasthof Rose, starten wir diese Rund-wanderung. Direkt am Gasthof vorbei, die Pfeiferstraße entlang, welche schließlich in einen Güterweg übergeht, erreichen wir die Markierung Nr. 9, welche teilweise vom Güterweg abweichend zum Tretsee führt. Wir wandern entlang des von schönen Lärchenwiesen umgebenen Weihers, bis wir den Gasthof Waldruh am Nordende erreichen. Von hier führt ein Steig nach links zur St. Felixalm. Wieder auf einem Güterweg folgen wir der Markierung Nr. T, welche durch den Wald zum Moschen führt, wo ein Steig nach links zum Schöneck abzweigt. Ein herrlicher Blick öffnet sich über das Etschtal bis hin zu den Dolomiten. Ein Stück weiter links zweigt ein Steig nach St. Jakob (Grissian) ab. Nach weiterer Waldwanderung erreichen wir den Gampenpaß, von wo wir mit irgendeiner Fahrgelegenheit zum Ausgangspunkt zurückkehren, oder über Unsere Liebe Frau im Walde und St. Christof nach St. Felix zurückkehren (in der ersten Kehre vom Gampenpaß kommend, zweigt ein Fußweg nach Unserer Lieben Frau im Walde ab).

 **Bergtour:** Gampenpaß – Laugenspitze, 2.433 m

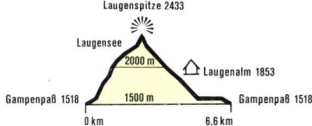

Ausgangspunkt: Gampenpaß
Parken: Gampenpaß–Gasthof
Höhenunterschied: 915 m

Wanderzeit: 5 Std.
Schwierigkeitsgrad: mittel!
Einkehr: Gampenpaß

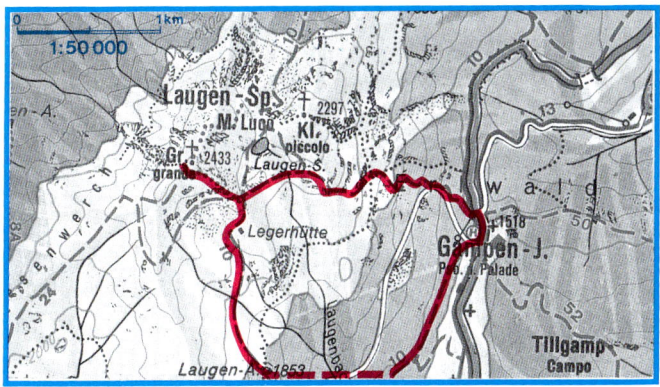

Tourenverlauf: Den Gampenpaß erreicht man per Auto oder Linienbus von Lana aus. Direkt am Gampenpaß, gegenüber vom Gasthof, zweigt ein Güterweg ab. Diesem folgten wir bis in die erste Kehre. Hier zweigt der Weg Nr. 133 ab, der anfänglich teilweise durch Wald steil emporsteigt, dann über hügelförmiges Gelände weiterführt und schließlich beim Laugensee – zwischen Großer und Kleiner Laugenspitze – endet. Links vom See steigen wir über den Südostgrat, auf vom Geröll durchsetztem Fels, zum Gipfel empor. Die freie Lage der Laugenspitzen ermöglicht eine weitreichende Gipfelschau von der Brenta bis zum Alpenhauptkamm, vom Ortler bis zu den Dolomiten. Wir steigen wieder über den Südostgrat ab, queren dann den Talkessel nach rechts (orographisch) und steigen über hügelförmiges Gelände zur Laugenalm ab, von wo wir meist durch Wald auf dem Weg Nr. 10 zum Gampenpaß zurückkehren.

26 Rundwanderung: Rund um den Gall

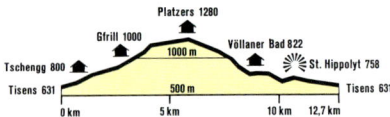

Ausgangsort: Tisens (Auffahrt von Lana oder Nals)
Parken: im Ort
Höhenunterschied: 650 m

Wanderzeit: 4¹/₂ Std.
Schwierigkeitsgrad: leicht!
Einkehr: Tschengg, Gfrill, Platzers, Völlaner Bad

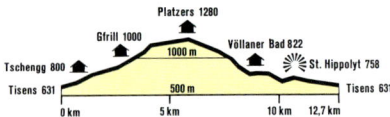

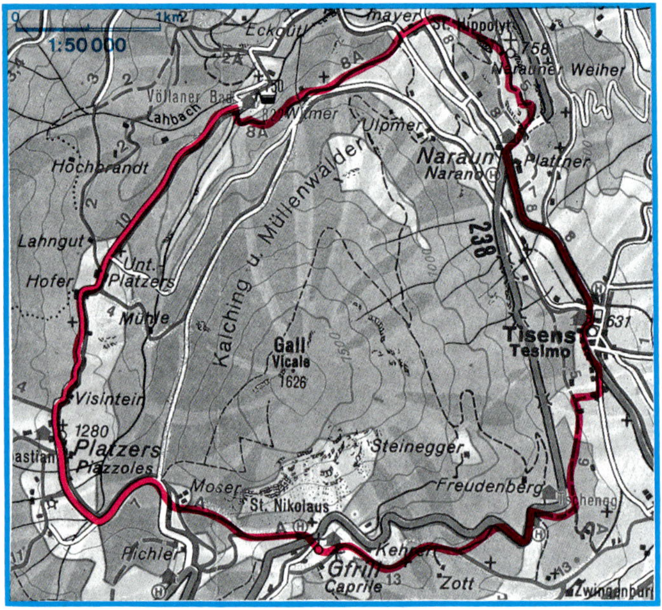

Tourenverlauf: Ein Besuch im abgelegenen Weiler Platzers und alten Bauernbad–Bad Völlan (Mineralquellenbad) lohnt sich. Höhepunkt ist das Kirchlein St. Hippolyt (13. Jh.) auf einem vorgeschichtlich besiedelten Hügel, eine einmalige Aussichtswarte auf das Burggrafenamt.
Von Tisens (Markierung Nr. 5/9) ansteigend zum Gasthof Tschengg an der Gampenstraße, kurz entlang der Straße, dann auf dem links abbiegenden Karrenweg zum Weg Nr. 13. Diesem folgen wir nach Gfrill. Bei der Kirche queren wir die Straße und wandern zum Moserhof und am Fahrweg weiter nach Platzers. Von dort dem Fahrweg Nr. 10 folgend zum Völlaner Bad, Nr. 8A zum Witmerhof und hinab zum Obermayer, Nr. 7 zum St. Hippolyt-Kirchlein, Nr. 5 zur Gampenstraße, diese überqueren und auf Nr. 8 zurück nach Tisens.

27 Wanderung: Obermais – Schloß Katzenstein – Hecherhof – Burgstall (Schloß Fragsburg – Schloß Rametz)

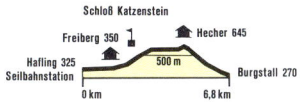

Ausgangspunkt: Meran-Obermais
Parken: Talstation Seilbahn Hafling
Höhenunterschied: rund 300 m
Wanderzeit: 4 Std.
Schwierigkeitsgrad: leicht!
Einkehr: Schloß Katzenstein, Hecherhof, Schloß Fragsburg, Weißplatter, Steger

Schloß Katzenstein

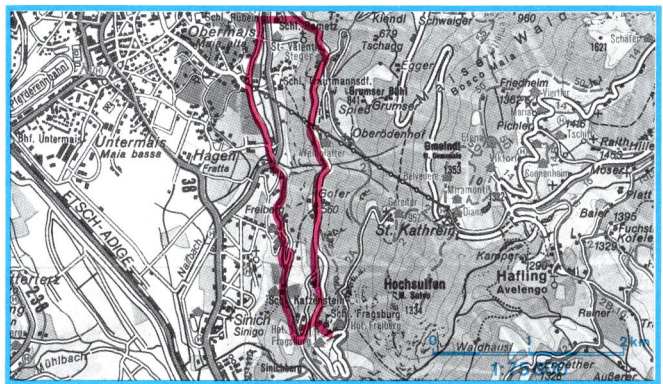
Über Hecher nach Burgstall

Tourenverlauf: Diese gemütliche Wanderung am Abhang der Mittelgebirgsterrasse von Hafling ist charakterisiert durch den prächtigen Ausblick in das Etschtal. Im Frühjahr, wenn auf den Höhen noch Schnee liegt, ist diese Route besonder geeignet. Vom Parkplatz der Straße entlang zum Meraner Schießstand, wo wir die Umfahrungsstraße Schenna–Meran queren. Nun folgen wir der Straße – Nr. 1 – zum Schloß Katzenstein. Hier bietet sich uns ein einmaliger Blick über die Obst- und Weingärten von Meran und deren Umgebung. Bei der nächsten Kreuzung müssen Sie sich für eine der beiden beschriebenen Routen entscheiden.

1. Rechts führt die Straße durch den Laubwald tief in die Schlucht des Sinichbaches, quert diesen und führt nun über einen Schotterweg zum

65

Hecherhof. Meran sehen wir nur mehr im Hintergrund, während uns der Laugen mit den Siedlungen am Fuße auf der gegenüberliegenden Talseite immer näher kommt. Von hier steigen wir am Pflanzerhof vorbei nach Burgstall ab.

2. Links führt die Straße – Nr. 2A – zum Schloß Fragsburg. Bei der folgenden Kreuzung zweigt ein Weg durch den Laubwald ab. Bis an diese Stelle kehren wir wieder auf dem selben Weg zurück und folgen dann, Wiesen und Weinberge querend, der Straße zum Schloß Rametz mit andauerndem Blick auf Meran. An der Kreuzung Schennastraße angelangt, halten wir uns an die erste Gasse rechts vom Naifbach (Kastanienweg, Seilbahngasse) und kehren somit zum Ausgangspunkt zurück.

28 **Wanderung:** Aschl – Lafenn – (Leadneralm)

Ausgangsort: Vöran
Parken: Aschl
Höhenunterschied: 300 m
Wanderzeit: 4 Std.
Schwierigkeitsgrad: leicht!
Einkehr: Lafenn

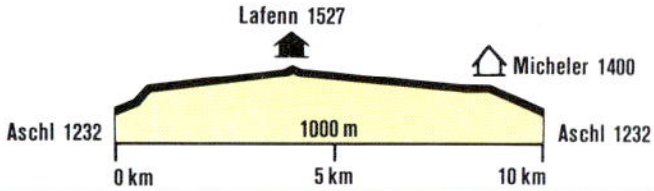

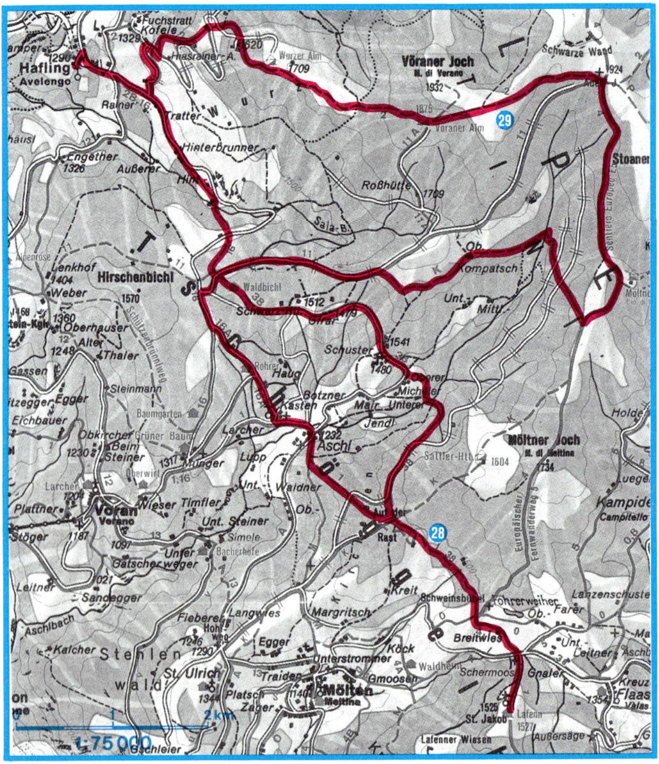

Tourenverlauf: Aschl kann mit dem Auto oder zu Fuß von der Vöraner Seilbahn (Burgstall) (den Fahrweg entlang zur Kirche, dann mäßig steigend bis zum »Grünen Baum« und weiter nach rechts leicht abwärts) erreicht werden. Von der Kirche von Aschl wandern wir zum Bach, wo der Steig Nr. 1 abzweigt, der durch den Wald, eine Forststraße querend, zu einem Almweg führt. Nun halten wir uns nach links, bis wir auf die Markierung 38 gelangen. Durch lichte Lärchenbestände am Fohrerweiher vorbei erreichen wir das Kirchlein von St. Jakob (Lafenn). Von Lafenn kann nach Mölten (Seilbahn von Vilpian oder Straße von Terlan) abgestiegen werden.

Wir benutzen denselben Weg, bis nach 45 Minuten die Markierung 38 abzweigt. Wir folgen dieser Richtung Leadneralm. Anfangs über Almwiesen, dann mehrere Güterwege querend und durch den Wald gelangen wir in das Aschler Bachbett. Nun leicht ansteigend zum Micheler Hof. Hier kann nun nach Aschl abgestiegen werden, oder an mehreren Gehöften (beim Gfrar steht eine mit Stroh gedeckte Scheune) vorbei zur Leadneralm (Waldbichl) weitergewandert werden, von wo man wieder zum Ausgangspunkt zurückkehrt.

㉙ Wanderung: Hafling – Auenjoch. 1.924 m – Möltner Kaser – Leadneralm – Hafling

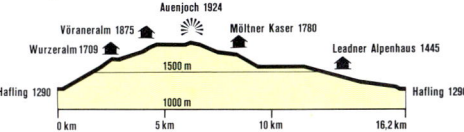

Ausgangsort: Hafling
Parken: Parkplatz nach dem Tunnel (Dorf)
Wanderzeit: 6 Std.
Höhenunterschied: 635 m

Schwierigkeitsgrad: leicht!
Einkehr: Gasthaus Brunner, Wurzalm, Vöraner Alm, Möltner Kaser, Leadner Alpenhaus
Karte: siehe Seite 66

Tourenverlauf: Besonders für Frühjahr und Herbst geeignete Wanderung in der abwechslungsreichen Landschaft des Tschöggelbergs. Auf der Fahrstraße gelangen wir in 10 Minuten zum Gasthof Brunner, von wo wir die Wiese nach links querend in den Wald gelangen. Die Schotterstraße meidend folgen wir der Markierung Nr. 2, meist durch den Wald in nur mäßiger Steigung zur Wurzer Alm. Nun nach rechts wieder durch lichte Waldbestände zur Vöraner Alm. Von der Vöraner Alm kann zur Leadneralm abgestiegen werden (1¹/₂ Std.). Es lohnt sich jedoch der Aufstieg zum Vöraner Joch und die Talkesselquerung zum Auenjoch aufgrund des herrlichen Rund- und Fernblicks (Gehzeit ab Vöaner Alm 45 Minuten).

Vom Auenjoch kann bei vorhandener Fahrgelegenheit über die Sarner Skihütte nach Sarnthein abgestiegen werden (2 Std.). Wir folgen nun dem Europäischen Fernwanderweg Nr. 5 bzw. der Markierung Nr. 4. Unterhalb der Stoanernen Mandln queren wir nach rechts zur Möltner Kaser. Kurz nach der Möltner Kaser zweigt ein Steig ab, der meist durch Wald zum Leadner Alpenhaus führt. Von dort folgen wir der Straße nach Hafling, wobei Nr. 16 teilweise der Fahrstraße ausweicht.

③⓪ Wanderung: Naif – Meraner Hütte – Maiser Rast – Kreuzjoch, 2.084 m – Möltner Kaser – Lafenn – Jenesien

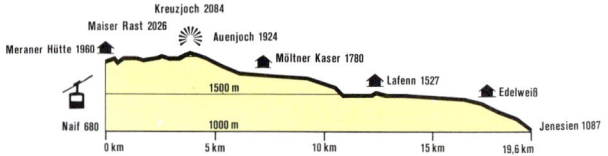

Kreuzjoch 2084
Maiser Rast 2026
Auenjoch 1924
Meraner Hütte 1960
Möltner Kaser 1780
1500 m
Lafenn 1527
Edelweiß
Naif 680
1000 m
Jenesien 1087
0 km   5 km   10 km   15 km   19,6 km

Ausgangsort: Meran
Parken: Naif (Seilbahn Meran 2000)
Höhenunterschied: 1.005 m
Wanderzeit: 7 Std.

Schwierigkeitsgrad: leicht!
Einkehr: Meraner Hütte, Möltner Kaser, Lafenn, Edelweiß

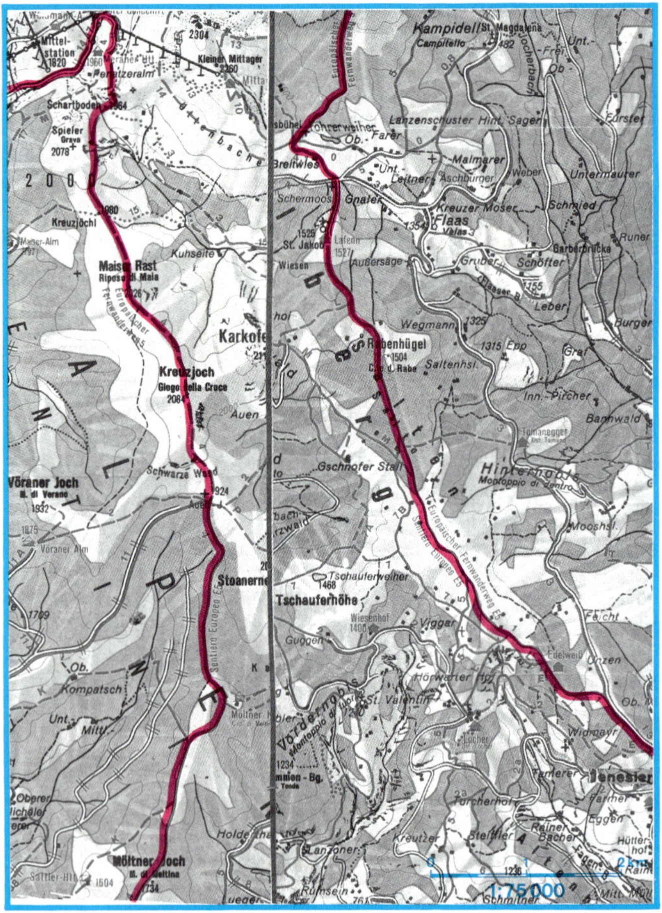

Gebirgsjägerkreuz mit Missensteiner Joch, 2.128 m

Tourenverlauf: Die Meraner Hütte erreichen wir in 15 Minuten von der Bergstation Kirchsteig. Über den Europäischen Fernwanderweg, bzw. Markierung 4 wandern wir von der Meraner Hütte fast eben zum Schartboden. Rechts aufwärts, unterhalb des Spielers vorbei, gelangen wir zum Kreuzjöchl und weiter an der Maiser Rast vorbei über wellige Almwiesen zum Kreuzjoch. Der Fernblick reicht von den Dolomiten über den Nonsberg und die Ortlergruppe bis zu den Ötztaler Alpen. Leicht fallend führt der Weg zur wichtigen Wegkreuzung, am Auenjoch (Sarnthein, Vöran, Hafling). Geradeaus und beim Weidezaun nach rechts führt der Weg zur Möltner Kaser. Ein Güterweg setzt dort an, die Möltner Kaser nach rechts verlassend, zum Möltner Joch. Über Almwiesen und lichten Lärchenbeständen gehts nun bergab zum Fohrerweiher. Rechts an diesem vorbei gelangen wir nach 30 Minuten Aufstieg nach Lafenn mit dem Kirchlein St. Jakob.

Die Markierung Nr. 1 führt nun über den Salten leicht fallend, abwechselnd durch Almwiesen und Wälder auf Wald- oder Güterweg nach Jenesien, von wo eine Seilbahn nach Bozen führt.

31 **Wanderung:** Falzeben – Naifjoch – Kratzberger See

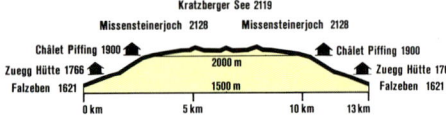

Kratzberger See 2119
Missensteinerjoch 2128   Missensteinerjoch 2128
Châlet Piffing 1900   Châlet Piffing 1900
Zuegg Hütte 1766   2000 m   Zuegg Hütte 1766
Falzeben 1621   1500 m   Falzeben 1621
0 km   5 km   10 km   13 km

Ausgangspunkt: Hafling
Parken: Parkplatz Liftstation Falzeben
Höhenunterschied: 500 m

Wanderzeit: 5 Std.
Schwierigkeitsgrad: mittel!
Einkehr: Zuegghütte, Chalet Piffing

Tourenverlauf: An der Sesselliftstation vorbei erreichen wir in mäßiger Steigung über die Zuegghütte einen breiten Waldweg, der zum Teil Skipisten querend dem Piffinger Kopf mit seinen Hotels und Liftstationen zustrebt. Wir wandern zum Naifjoch und am Fuße der Plattenspitze entlang weiter zum Missensteiner Joch. Jenseits des Missensteiner Joches sehen und hören wir nichts mehr vom Trubel der vielen Gäste und von den Drähten der Gondel- und Sessellifte des Meraner Skigebietes. Der schön angelegte Gebirgsjägersteig, ein Teil des Europäischen Fernwanderweges, der die steilen Hänge quert, bringt uns zum Kratzberger See, der in die Felshänge der Verdinser Plattenspitze eingebettet liegt. Abstieg wie Aufstieg.
Variante: Es bietet sich die Möglichkeit, die Seilbahn Meran 2000 zu benutzen und abends über die Ochsenböden und Gsteir zum Auto zurückzukehren.

Südtiroler Bauer beim Düngen

㉜ Bergtour: Meran 2000 – Ifinger, 2.581 m – Naifjoch – Ifinger Hütte – Taser

Ausgangspunkt: Meran/Naif
Parken: Talstation Seilbahn Meran 2000
Höhenunterschied: 580 m
Wanderzeit: 6¹/₂ Std.
Schwierigkeitsgrad: nur für Geübte!
Einkehr: Bergstation Kuhleiten, Ifinger Hütte
Karte: siehe Seite 70

Tourenverlauf: Von der Bergstation der Seilbahn Meran 2000 wandern wir mäßig ansteigend zum Naifjoch. Von dort an der Mittelstation des Kuhleitnliftes vorbei zum St. Oswald Kircherl, weiter der breiten Skipiste entlang zur Bergstation Kuhleitn. Nun steigen wir, immer am Grat bleibend, die steilen felsdurchsetzten Grashänge entlang zum Kleinen Infinger, 2.552 m, auf. Rund 50 m unterhalb des Kleinen Ifingers zweigt ein mit Ketten versehener Steg nordseitig ab. Diesem folgen wir und klettern nach der Scharte südseitig über die Felsplatten zur Großen Ifinger Spitze hoch, wobei Schwindelfreiheit sowie absolute Trittsicherheit unbedingt notwendig sind.

Bis zum Naifjoch kehren wir auf der Aufstiegsroute zurück. Nun folgen wir der Markierung Nr. 18, dem schmalen, zum Teil ausgesetzten Weg über die Ifingerscharte zur Ifinger Hütte, von wo aus wir zum Taser absteigen. Um zum Auto zurückzukehren, kann vom Pichler aus der Verdinser Waalweg benutzt werden. Ein direkter Abstieg vom Ifinger zur Ifinger Hütte ist Kletterern vorbehalten.

33 **Bergtour:** Meran 2000 – Verdinser Plattenspitze, 2.675 m

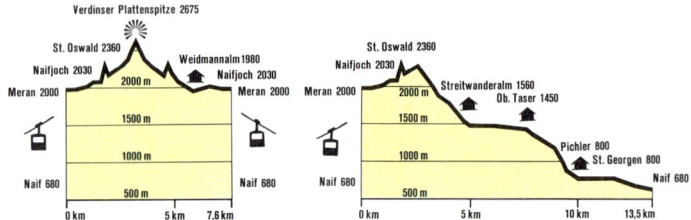

Ausgangspunkt: Naif/Meran
Parken: Talstation Seilbahn Meran 2000
Höhenunterschied: 675 m

Wanderzeit: 5 Std.
Schwierigkeitsgrad: nur für Geübte!
Einkehr: Weidmannalm

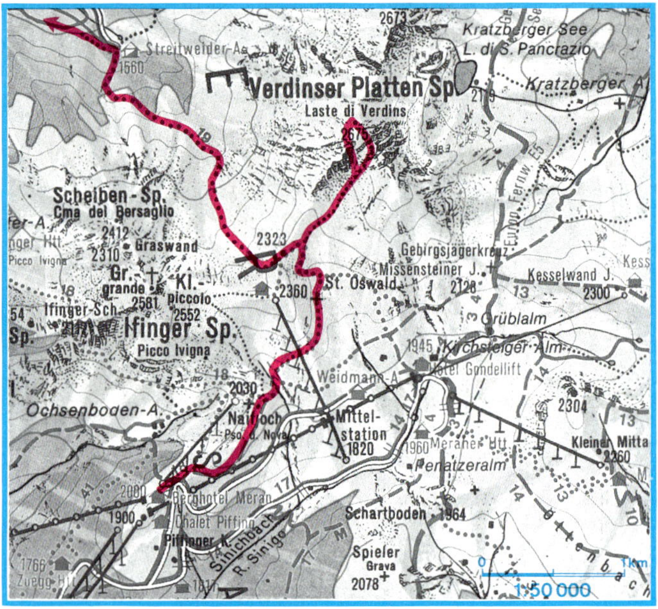

Tourenverlauf: Von der Bergstation der Seilbahn Meran 2000 erreichen wir in mäßiger Steigung über das Naifjoch, dann an der Mittelstation des Kuhleitnliftes vorbei, das St. Oswald Kirchlein. Nun folgen wir der Skipiste bis zur großen Linkskurve am Fuße der Plattenspitze. Von hier aus gibt es zwei Aufstiegsmöglichkeiten.

Einmal ostwärts bis zur breiten, schottergefüllten Rinne, welche den kleinen (Wintergipfel) vom großen »Plattinger« trennt. Der einst angelegte Steig durch diese Rinne ist meist durch Verwitterung stark beschädigt und nicht auffindbar. Auf der Scharte beginnt ein Steig, welcher über

Haflinger mit Mittager

einen teils ausgesetzten Felsgrat zum Gipfel führt und teilweise mit Drahtseilen versehen wurde (Schwindelfreiheit und Trittsicherheit Voraussetzung).

Der zweite Aufstieg befindet sich in der Talrinne, welche direkt vom Hauptgipfel herunterkommt. Über Geröllhalden wird der Einstieg am Beginn des Tales erreicht. Nach einer anfänglichen Kletterei direkt in der Talrinne muß man über Platten nach rechts aussteigen, um schließlich über grasdurchsetztem Fels den von rechts kommenden Grat zu erreichen. Nach Überwindung des Felsgrates betritt man den Gipfel, an dessen Fuße man den Kratzberger See glitzern sieht. Beim Abstieg kann vom St. Oswald Kirchlein aus ein Abstecher zur gemütliche Weidmannalm gemacht werden. Für ausdauernde Bergsteiger bietet sich auch die Möglichkeit, zur Streitweideralm abzusteigen, von wo man über den Taser und dem Verdinser Waalweg nach Vernaun (Naif) zurückkehrt. (Abstieg siehe Tour 32.)

④ Bergtour: Saltaus – Hirzer Hütte – Hirzer Spitze, 2.781 m – Kratzberger See – Meran 2000

Ausgangspunkt: Saltaus
Parken: Talstation Hirzer Seilbahn
Höhenunterschied: 800 m
Wanderzeit: 6 Std.
Schwierigkeitsgrad: nur für Geübte!
Einkehr: Hirzer Hütte

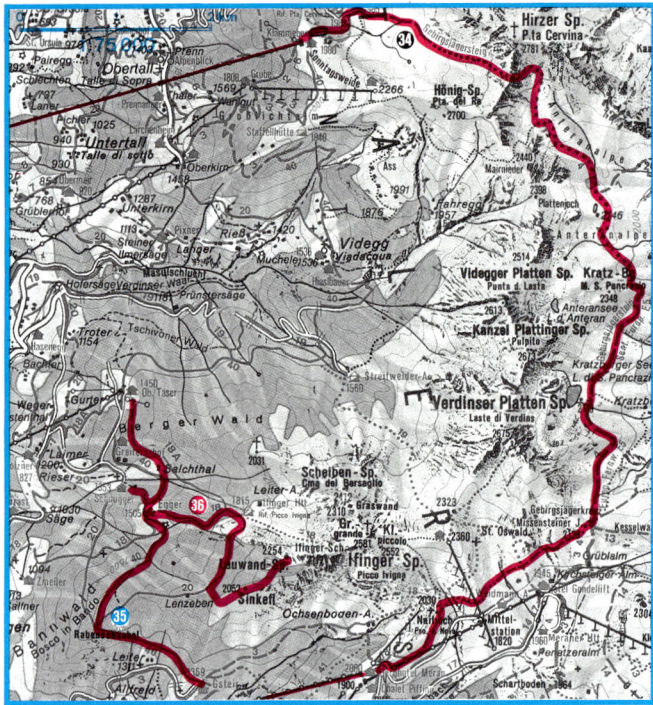

Tourenverlauf: Von Klammeben queren wir nordwärts zur Hirzer Hütte, dem ältesten Vereinsschutzhaus Südtirols. Nun an der Reaseggeralm vorbei, zum Teil steile Hänge aufsteigend, erreichen wir über dem Europäischen Fernwanderweg 5 die Hirzerscharte, wobei wir kurz vor der Scharte noch einen durch ein Drahtseil gesicherten Fels überwinden müssen. Nach einem nun folgenden kurzen Grataufstieg (Steig) erreichen wir den höchsten Gipfel der Sarntaler Alpen.
Von der Hirzerscharte aus verlassen wir auf einem schmalen Steig das felsdurchsetzte Gipfelmassiv Richtung Anteranalpe, durch steile Grashänge absteigend. Unterhalb der Almhütte verfolgen wir den teilweise

schmalen ausgesetzten Steig, bis zum Kratzberger See. Nun geht es weiter auf gutem Steig, mit letztem Blick ins Sarntal übers Missensteiner Joch und dem Naifjoch zur Bergstation der Seilbahn Meran 2000.

③⑤ Wanderung: Taser – Egger, 1.505 m – Gsteir, 1.369 m

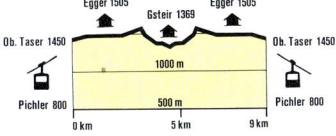

Ausgangsort: Schenna
Parken: Talstation der Taser Seilbahn
Höhenunterschied: zirka 100 m
Wanderzeit: 4 Std.

Schwierigkeitsgrad: leicht!
Einkehr: Greiter, Egger, Gsteir
Karte: siehe Seite 74

Tourenverlauf: Wir benutzen die Seilbahn zum Taser und wandern von dort anfangs der Fahrstraße folgend zum Gasthof Greiter und weiter am schönen Waldweg fast durchwegs flach zu den beiden Egger-Bergbauernhöfen. Vom Egger die steilen Wiesen querend, an einer alten Mühle vorbei, gelangen wir wiederum in den Wald und verlassen diesen erst wieder am Beginn der Gsteirer Wiesen, mit herrlichem Blick in den Meraner Talkessel. Wir kehren entweder auf demselben Weg wieder zum Taser zurück, oder steigen vom Gsteir nach St. Georgen ab (Güterweg, zirka 600 Höhenmeter), von wo wir entlang des Verdinser Waalwegs wieder zum Pichler zurückkehren.

③⑥ Bergwanderung: Schnugger – Ifinger Hütte – Lauwandspitze, 2.254 m

Ausgangspunkt: Schennaberg
Parken: Gasthof Schnugger
Höhenunterschied: 900 m
Wanderzeit: 4 Std.
Schwierigkeitsgrad: mittel!
Karte: siehe Seite 74

Tourenverlauf: Die Ifinger Hütte erreichen wir über den gut markierten Weg an den hoch gelegenen Egger-Bauernhöfen vorbei. Von der Ifinger Hütte aus folgen wir dem Weg Richtung Gsteir. Nach einem anfänglichen 15 Minuten-Aufstieg queren wir die Nordwesthänge an der Lauwandspitze, bis wir die Wiesen der Lenzebenalm erreichen. Nun verlassen wir die Markierung (Richtung Gsteir) und steigen einen anfänglich schwer erkennbaren Steig entlang zum schon von unten ersichtlichen Wetterkreuz auf. Aufgrund des herrlichen Blicks über Meran ein lohnender Aufstieg. Beim Abstieg folgen wir, bis zu den Wiesen der Lenzebenalm, dem Aufstiegsweg. Nun folgen wir erneut dem Weg in Richtung Gsteir an der Lenzebenalm vorbei, bis wir den Weg antreffen, welcher vom Gsteir zum Schnugger führt. Diesem Weg folgend kehren wir wieder zum Auto zurück.

Es bietet sich auch die Möglichkeit, die Seilbahn Taser zu benutzen und von dort aus die Ifinger Hütte zu erreichen.

37 Wanderung: Verdins – Untertall – Saltaus – Maiser Waalweg – Schenna

Ausgangspunkt: Verdins
Parken: Talstation Seilbahn
Höhenunterschied: 500 m
Wanderzeit: 3 Std.

Schwierigkeitsgrad: leicht!
Einkehr: Gasthaus Obermair, Grüblerhof, Torggler

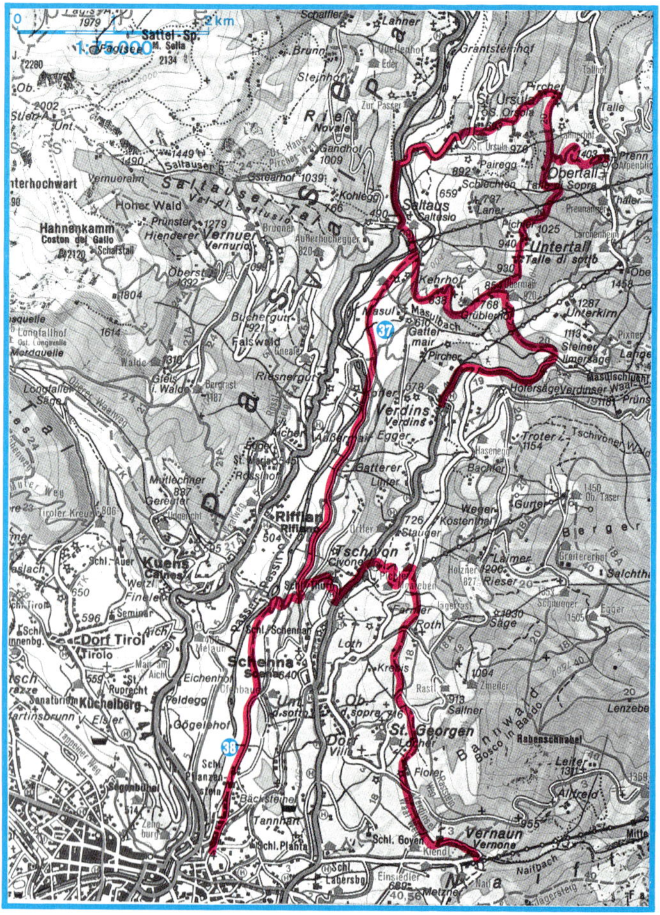

Tourenverlauf: Zuerst der Straße entlang bis zur ersten Kehre, nun an der sich im Bau befindlichen Straße weiter, bis ein Wegweiser auf den Abstieg vor dem Überqueren des Masulbaches hinweist. Nun verfolgen wir den schön angelegten, die Felshänge querenden Steig, bis wir den romantisch gelegenen Hof (Obermair) erreichen. Zwischen Haus und Stall die Wiese querend, verlassen wir die Markierung 20 und steigen den Weg (Nr. 7) zuerst durch den Wald, dann wieder den Wiesen entlang, zum Grüblerhof ab. Nun geht es der Schotterstraße entlang nach Saltaus hinab. Vor der Brücke gehen wir Richtung Gasthaus Torggler, wo wir auf den Maiser Waalweg gelangen. Den Schildern Richtung Schenna folgend, laufen wir, bis wir den Trimmdichweg kreuzen. Nun steigen wir über dem Trimmdichweg zum Schloß Thurn auf (»Verdins« beschildert) und gelangen, beim Thurnerhof querend, zur Verdinser-straße (Bushaltestelle Verdins). Je nach Lust kann nun auf Schusters Rappen oder per Bus der Ausgangspunkt erreicht werden.

Variante 1: vom Torgglerhof kann man nach Unterverdins und dann weiter nach Verdins aufsteigen.

Variante 2: Konditionstüchtigere können von Untertall der Markierung 20 folgend, nach Obertall aufsteigen und über St. Ursula nach Saltaus absteigen.

㊳ Wanderung: Naif – Verdinser Waalweg – Pichler – Schenna – Maiser Waalweg – Obermais

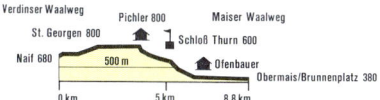

Ausgangsort: Meran
Parken: Obermais/Brunnenplatz
Höhenunterschied: 300 m
Wanderzeit: 4 Std.

Schwierigkeitsgrad: leicht!
Einkehr: Gasthaus Pichler, Tiefenbrunn, Ofenbauer
Karte: siehe Seite 76

Tourenverlauf: Von Obermais fahren wir mit dem Linienbus ins Naiftal (Talstation Seilbahn Meran 2000). Einige Meter der Straße Richtung Hafling entlang, dann zweigt nach links ein Weg ab, der zum Verdinser Waalweg führt. Entlang dieses Waalwegs durch Obstwiesen und Wälder wandern wir bis zum Gasthof Pichler. Zwischen Gasthof Pichler und dem daneben gelegenen Bauernhof beginnt ein Steig, der auf die Verdinser Straße führt. Wir folgen dieser Richtung Schenna, verlassen sie nach rechts (Bushaltestelle) und wandern am Schloß Thurn vorbei durch den Laubwald hinunter zum Maiser Waalweg. Es bietet sich auch die Möglichkeit, irekt ins Dorf zu gehen und von dort (zwischen Gemeindehaus und Lebensmittelgeschäft) zum Waalweg oder direkt zum Ofenbauer abzusteigen. Entlang des Maiser Waalweges (Waalwege dienen der Betreuung und Wartung der Bewässerungsgräben, da der Vinschgau und das Burggrafenamt als inneralpines Trockental wenig Sommerniederschläge verzeichnet) gelangen wir zum Ofenbauer, von wo wir entlang der Straße nach Obermais zurückkehren.

39 Wanderung: Oberkirn – Grube – Staffellhütte, 1.940 m – Videgg – Pixner – Verdins

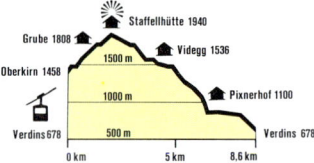

Ausgangspunkt: Verdins
Parken: Seilbahn Talstation
Höhenunterschied: 1.200 m
Wanderzeit: 5 Std.

Schwierigkeitsgrad: mittel!
Einkehr: Gasthaus Grube, Staffellhütte, Videgg, Pixner

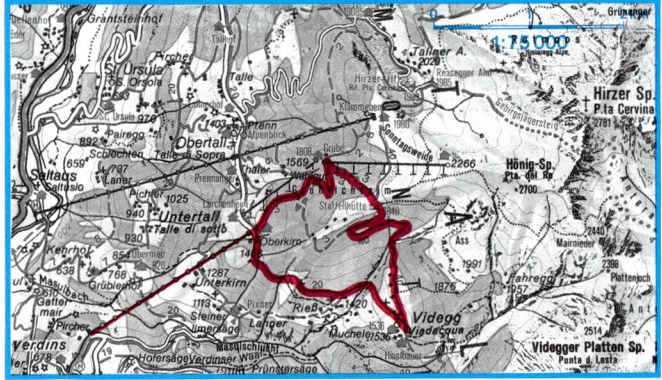

Tourenverlauf: Von Oberkirn wandern wir der Markierung Nr. 3 folgend gut beschildert an den Wahlguthöfen vorbei zum Gasthof Grube (Abkürzung durch Sessellift möglich). Nun steigen wir zuerst ein Stück die Skipiste entlang hoch, dann rechts durch den lichten Lärchenwald empor erreichen wir die Staffellhütte, ein schön gelegenes Gasthaus in flacher Bergwiese mit Blick auf Ifinger und Plattenspitze. Die Staffellhütte verlassen wir auf einem anfänglich durch Waldbestände führenden Weg, der später durch ein steiles Tal abfallend, in den Wiesen der Videgger Bauernhöfe mündet. Die Videgger Bergbauernhöfe verlassen wir Richtung Oberkirn (»Seilbahn Verdins« beschildert). In einem Bachbett – kurz nach einer alten Mühle – treffen wir auf den Weg, welcher zum Pixnerhof führt. Auf breitem Weg steigen wir die steilen Wiesen des Pixnerhofes – gemütliche Einkehr – und den Wald in die Masulschlucht ab, wo eine Holzbrücke den wilden Masulbach überquert. Auf breiter Schotterstraße kehren wir wieder aus dem wildromantischen Masultal zum Auto zurück.

Variante: geübte Geher können von der Staffellhütte über die Mahder der Videgger Ass nach Videgg absteigen. Staffellhütte–Videgger Ass ist ein alter schmaler Hirtensteig, der allerdings oft wegen Unwetter stark vermurt ist.

40 Höhenwanderung: Dorf Tirol – Gfeis – Vernuer – Riffian – Kuens – Dorf Tirol

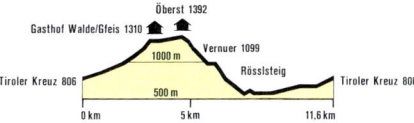

Öberst 1392
Gasthof Walde/Gfeis 1310
Vernuer 1099
1000 m
Rösslsteig
Tiroler Kreuz 806   500 m   Tiroler Kreuz 806
0 km   5 km   11,6 km

Ausgangsort: Dorf Tirol
Parken: Tiroler Kreuz
Höhenunterschied: 585 m

Wanderzeit: 4–5 Std.
Schwierigkeitsgrad: leicht!
Einkehr: Gasthof Walde (Gfeis), Öberst

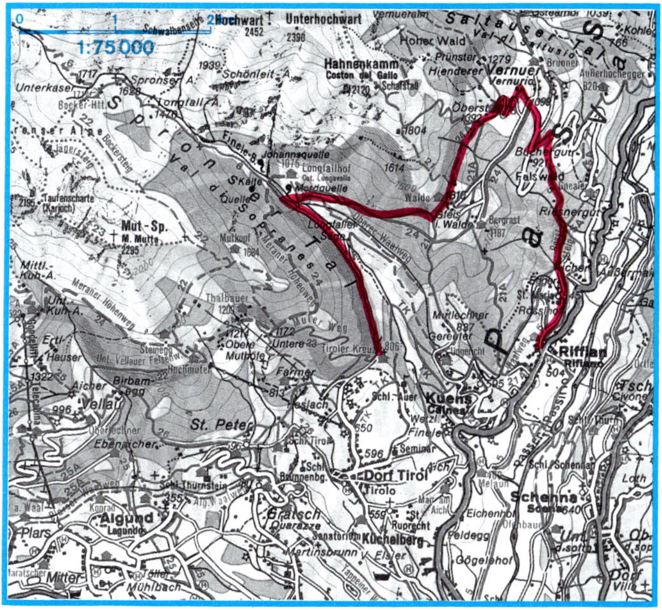

Tourenverlauf: Vom Tiroler Kreuz wandern wir auf einem Güterweg Richtung Spronser Tal, queren den Finelebach und steigen dem schön angelegten Meraner Höhenweg entlang nach Gfeis auf (zirka 90 Minuten). Es besteht auch die Möglichkeit, zum Gasthaus Bergrast zu wandern, um von dort nach Kuens abzusteigen. Vom Gasthof Walde gilt es noch die Bergwiesen aufzusteigen, bis der Weg flach zum Öberst in Vernuer weiterführt. Vom Öberst steigen wir der Markierung 5 folgend nach Riffian ab, wobei der Steig mehrmals die Fahrstraße quert. Noch bevor wir direkt ins Dorf gelangen, folgen wir dem Rösslsteig, der nach Kuens führt. Über Wiesen (beschildert) und durch Laubwald kehren wir – den Finelebach querend – wieder nach Dorf Tirol zurück.

41 **Bergwanderung:** Gfeis – Hahnenkamm, 2.120 m – Vernuer – Gfeis

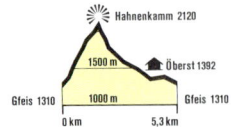

Ausgangsort: Gfeis (Meran)
Parken: Gfeis
Höhenunterschied: 900 m
Wanderzeit: 4 Std.
Schwierigkeitsgrad: mittel!
Einkehr: Öberst

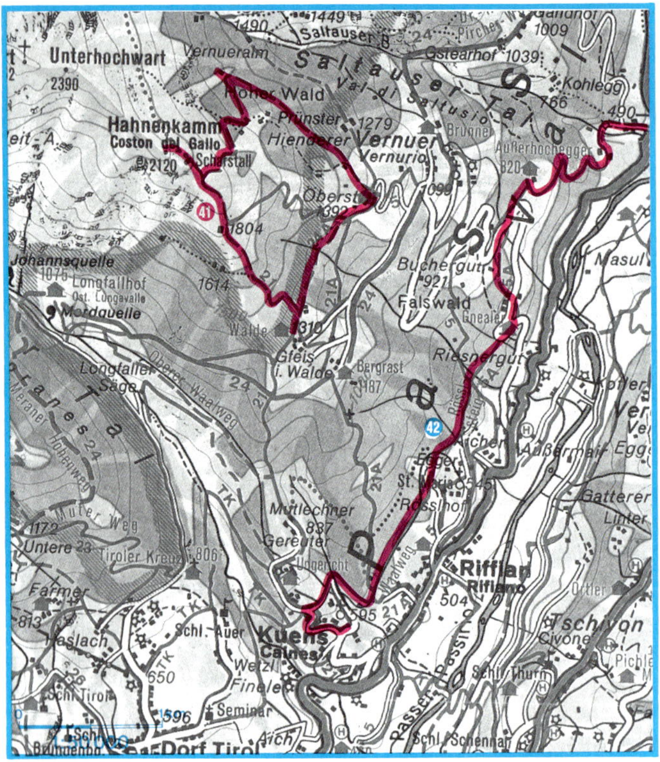

Tourenverlauf: Von Meran ins Passeiertal fahrend, zweigt hinter Riffian die Straße nach Gfeis–Vernuer ab. Von Gfeis steigen wir zuerst durch Wiesen an einem Bauernhof vorbei auf, bis sich am Waldbeginn der Weg teilt. Wir folgen dem Weg Nr. 21, welcher schön angelegt durch steiles Gelände zum Hahnenkamm führt. Der herrliche Rundblick von diesem nur wenig begangenen Gipfel entschädigt den anstrengenden Aufstieg. Unterhalb des Gipfels, direkt neben der Lawinenverbauung, führt der Weg (Nr. 21) zum Öberst nach Vernuer. Ausdauernde Wanderer können zur Stieralm weitermarschieren und von dort der Markierung 5 folgend, zum Öberst absteigen. Vom Öberst kehren wir nach Gfeis zurück.

Dorf Tirol mit Ifinger

42 Wanderung: Kuens (Dorf Tirol) – Rösslsteig – Riffian (– Saltaus)

Ausgangsort: Kuens
Parken: Kuens
Höhenunterschied: 50 m (300 m)
Wanderzeit: 1 Std. (2 Std.)
Schwierigkeitsgrad: leicht!
Einkehr: Gnealer, Außerhochegger
Karte: siehe Seite 80

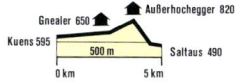

Tourenverlauf: An der Kuenser Kirche vorbei, die Straße hoch steigend, beginnt im Bachbett der Waalweg, der schließlich in den Rößlsteig übergeht.
Variante: Diese Wanderung kann auch in Dorf Tirol gestartet werden, wobei man vom Tiroler Kreuz aus ins Spronser Tal wandert, den Finelebach quert und über den Waalweg zum Ungericht spaziert und von dort zum oben beschriebenen Ausgangsort absteigt.
Anfangs, am Waldrand die Wiesen der Riffianer Bauern querend, mündet der Steig schließlich im Wald und führt leicht ansteigend am Gnealer vorbei zum Außerhochegger, von wo wir nach Saltaus absteigen.
Je nach Ausdauer benützen wir den Bus oder marschieren entlang des Maiser Waalweges nach Kuens zurück.

43 Wanderung: Meran – Dorf Tirol – Schloß Tirol – St. Peter – Tappeiner Weg – Meran

Ausgangspunkt: Meran
Parken: Meran Sandplatz
Höhenunterschied: 250 m
Wanderzeit: 4 Std.
Schwierigkeitsgrad: leicht!
Einkehr: zahlreiche Gasthäuser
Karte: siehe Seite 83

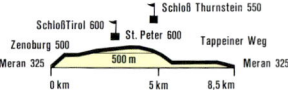

Tourenverlauf: Vom Sandplatz aus wandern wir der Gilfpromenade (orographisch rechte Passerseite) entlang, am Steiner Steg (Brücke) vorbei Richtung Gilfklamm. In Serpentinen aufsteigend, die Gilfklamm verlassend, erreichen wir den Tappeiner Weg. Am Pulverturm vorbei (herrrlicher Blick über Meran) gelangen wir zu dem rechts abzweigenden Tirolersteig (Nr. 6), der durch Weinberge und schließlich der Straße entlang nach Dorf Tirol führt. 100 m nach der Tankstelle, zweigt der Falknerweg nach links ab, der direkt zum Schloß Tirol führt. Nach Besichtigung des Schlosses wandern wir nach St. Peter und weiter zum Schloß Thurnstein. Links am Schloß vorbei steigen wir zum Tappeiner Weg ab, der zwischen Weinbergen und Mittelmeervegetation von Gratsch nach Meran führt.

44 Wanderung: Töll – Plarser Waalweg – Algunder Waalweg – Tappeiner Weg – Meran

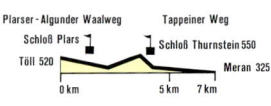

Ausgangspunkt: Meran
Parken: Töll
Höhenunterschied: 300 m
Wanderzeit: 3 Std.
Schwierigkeitsgrad: leicht!
Einkehr: zahlreiche Gaststätten
Karte: siehe Seite 83

Blick von Vellau aufs Etschtal

Tourenverlauf: Von der Töll (mit Linienbus von Meran erreichbar) wandern wir auf der Landstraße Richtung Plars–Vellau (10 Minuten). An der Kreuzung Algund–Vellau gehen wir noch 100 m Richtung Vellau, dann zweigt nach rechts der Waalweg ab. Abwechselnd durch Obstwiesen, Weinberge und Kastanienhaine kommen wir dem Meraner Becken immer näher, bis wir schließlich in Gratsch auf den Tappeiner Weg stoßen und die dort aufgrund des milden Klimas gedeihenden Mittelmeerpflanzen bewundern können. Unterhalb des Segenbühels sind einige Gletscherschliffe zu sehen, auch Kakteen wachsen an sonnigen Stellen.

45 **Bergwanderung:** Dorf Tirol – Hochmuter – Mutkopf – Mutspitze, 2.295 m – Taufenscharte – Leiteralm

Ausgangspunkt: Dorf Tirol
Parken: Talstation Seilbahn
Höhenunterschied: 870 m
Wanderzeit: 5 Std.
Schwierigkeitsgrad: mittel!
Einkehr: Mutkopf, Leiteralm

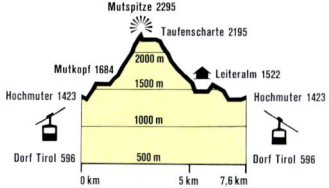

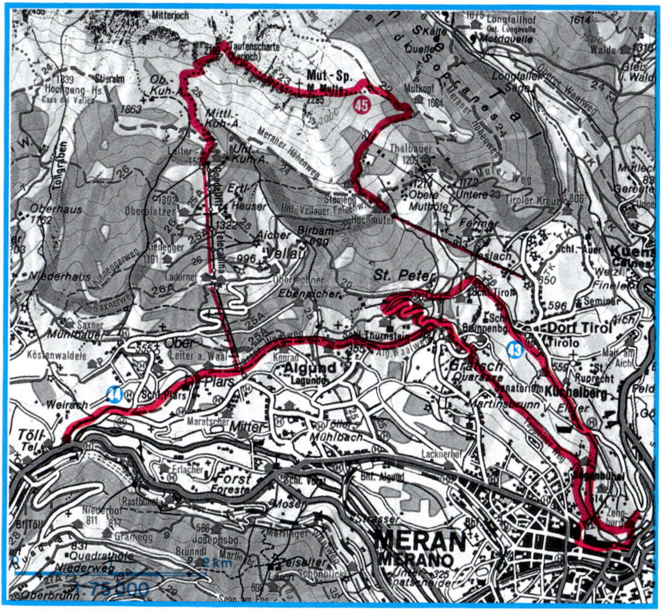

Tourenverlauf: Von Dorf Tirol erreichen wir mit der Seilbahn das Gasthaus Hochmuter. Zuerst geradeaus (kurzer Anstieg), dann der Markierung entlang, nur leicht ansteigend zum Mutkopf, ein schön angelegter breiter Steig. Vom Mutkopf aus folgen wir weiter der Markierung 22, bis diese nach rechts Richtung Bockerhütte abzweigt. Wir steigen aber über steile, jedoch unschwierige Grashänge, immer am Grat bleibend, bis zum Gipfel auf, wo wir durch den herrlichen Blick über den gesamten Meraner Talkessel reichlich belohnt werden. Den Gipfel verlassen wir Richtung Westen, einen über Felsblöcke bis zur Taufenscharte führenden Steig. Von der Taufenscharte aus steigen wir südseitig in Serpentinen über steile, felsdurchsetzte Grashänge zur Leiteralm ab. Nun folgen wir dem Meraner Höhenweg Richtung Hochmuter, von wo aus wir wieder mit der Seilbahn zu Tal fahren. Natürlich steht es jedem frei, noch über die Unteren Muthöfe nach Dorf Tirol abzusteigen.

83

46 Wanderung: Dorf Tirol – Hochmuter – Mutkopf – Bockerhütte, 1.717 m – Tiroler Kreuz

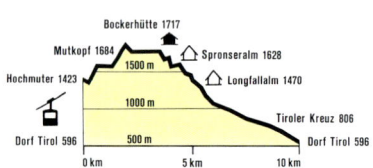

Hochmuter Seilbahn

Ausgangspunkt: Dorf Tirol
Parken: Talstation Seilbahn Hochmuter
Höhenunterschied: 910 m
Wanderzeit: 5 Std.
Schwierigkeitsgrad: mittel!
Einkehr: Mutkopf, Bockerhütte, Tiroler Kreuz

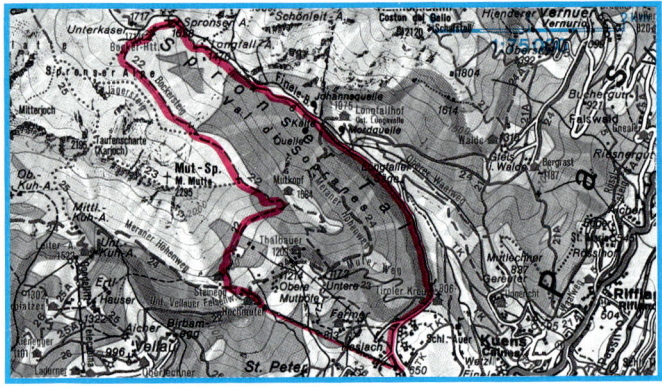

Tourenverlauf: Von der Bergstation der Hochmuter Seilbahn geht es am Gasthof Steinegg vorbei, die Hänge der Mutspitze querend, mit herrlicher Sicht in den Meraner Talkessel zum Gasthof Mutkopf. Weiter der Markierung 22 folgend, die Ostflanke der Mutspitze aufsteigend, gelangen wir zu einer Weggabelung, wobei wir uns rechts halten. Dem Bockersteig Richtung Spronser Tal folgend, erreichen wir die Bockerhütte. Nach einer ausgiebigen Rast geht es an der Spronseralm und der Longfallalm vorbei über einen teilweise steilen Plattenweg bergab entlang des Finelebaches, der zum Teil die Waale des Passeiertales speist. Der Plattenweg mündet in eine Schotterstraße, welche zum Tiroler Kreuz führt. Nun noch ein kurzes Stück der Fahrstraße entlang und wir sind wieder beim Auto angelangt.

47 Bergwanderung: Algund/Plars – Leiteralm – Hochgang – Spronser Seen – Taufenscharte – Leiteralm

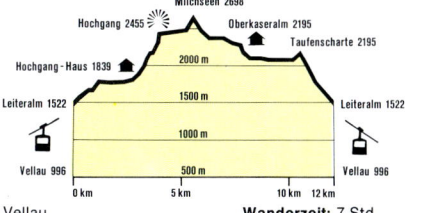

Ausgangspunkt: Vellau
Parken: Gondelliftstation
Höhenunterschied: 930 m

Wanderzeit: 7 Std.
Schwierigkeitsgrad: nur für Geübte!
Einkehr: Hochganghaus, Oberkaseralm

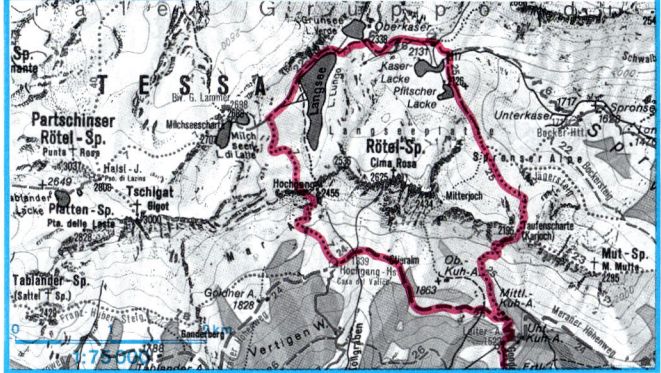

Tourenverlauf: Eine der schönsten und lohnendsten Bergwanderungen in der Meraner Umgebung führt von der Leiteralm auf dem Weg Nr. 24, zuerst über Weidehänge, dann meist durch Wald, auf gutem Weg zum Hochganghaus. Nun immer steiler auf Weg Nr. 7 zum Hochgang (im letzten Stück mit Drahtseilen versichert). Weiter auf Weg Nr. 7 leicht fallend (er mündet in Nr. 22) an den Spronser Seen vorbei, deren Entstehung auf eiszeitliche Vergletscherung zurückzuführen ist. Am 1 Kilometer langen Langsee vorbei, spaziert man zum Grünsee. Nun der Markierung 6 folgend zur Oberkaseralm und an der nächsten Weggabelung nach rechts (Nr. 25) zur Kaser Lacke und Pfitscher Lacke, in deren Nähe sich Schalensteine befinden. Weiter auf Weg Nr. 25 zur Taufenscharte und von dort südseitig in steilen Serpentinen bergab zur Leiteralm, von wo wir die Gondelbahn für den Abstieg nach Algund/Plars nehmen.
Variante 1: an der Weggabelung Nr. 7 und Nr. 22 nach dem Hochgang können noch 100 Höhenmeter bewältigt werden, um zu den Milchseen aufzusteigen, in denen noch im August Eisschollen schwimmen.
Variante 2: Vom Grünsee kann in knapp 1 Stunde zum Schwarzsee aufgestiegen werden.

48 Bergtour: Partschins – Lodner Hütte – Halsljöchl – (Tschigat, 3.000 m) – Milchseescharte – Hochganghaus – Partschinser Wasserfall

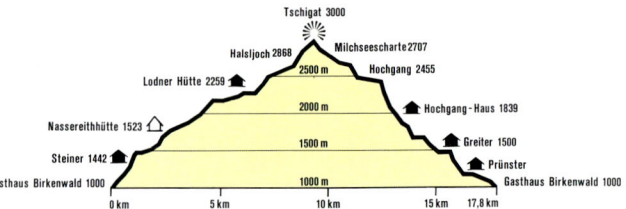

Ausgangspunkt: Partschins	**Schwierigkeitsgrad:** nur für Geübte!
Parken: Gasthaus Birkenwald	**Einkehr:** Nassereithhütte, Lodner Hütte,
Höhenunterschied: 1.560 m	Hochganghaus, Greiter, Prünster
Wanderzeit: 10 Std.	**Karte:** siehe Seite 87

Tourenverlauf: Vom Steiner steigen wir über die Nassereithhütte zur Lodner Hütte auf (Übernachtungsmöglichkeit). Von der Lodner Hütte führt der Weg Nr. 7 am Plattensee vorbei auf Halsljöchl. Vom Halsljöchl kann am Grat (Kletterei, rote Punkte zeichnen den Aufstieg) direkt zum Tschigat aufgestiegen werden. Je nach Witterung und Schneeverhältnissen ist der Aufstieg über den Halslferner vorzuziehen. Hierbei muß vom Halsljöchl zuerst Richtung Milchseescharte gequert werden, bis man zu dem zum Gipfel führenden Firnfeld (zwischen Milchseescharte und Halsljöchl) gelangt. Ein herrlicher Blick in den Meraner Talkessel, in das Etschtal bis Bozen und in den Vinschgau entschädigen den anstrengenden Aufstieg. Den Gipfel verlassen wir übers Firnfeld, bis wir wieder auf die Markierung stoßen. Über Blockhalden queren wir zur Milchseescharte (Biwak), von wo wir auf einem mit Seilen versicherten Weg zum Milchsee hinunter absteigen und weiter über Moränenwälle bis zur Wegkreuzung oberhalb des Langsees gelangen. Nun nach rechts zum Hochgang und steil hinunter zum Hochganghaus, von wo wir über Greiter und Gasthof Prünster zum Ausgangspunkt zurückkehren.

49 Höhenwanderung: Lodner Hütte – Johannesscharte, 2.876 m – Stettiner Hütte

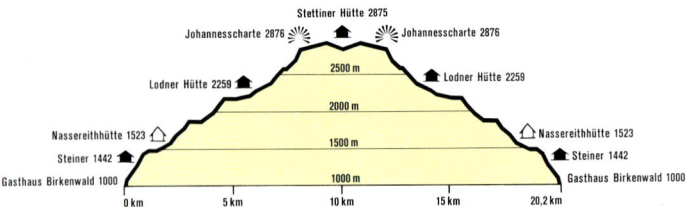

Ausgangspunkt: Partschins	**Wanderzeit:** 3 Std.
Parken: Gasthaus Birkenwald	**Schwierigkeitsgrad:** nur für Geübte!
Höhenunterschied: zirka 650 m	**Einkehr:** Lodner Hütte, Stettiner Hütte

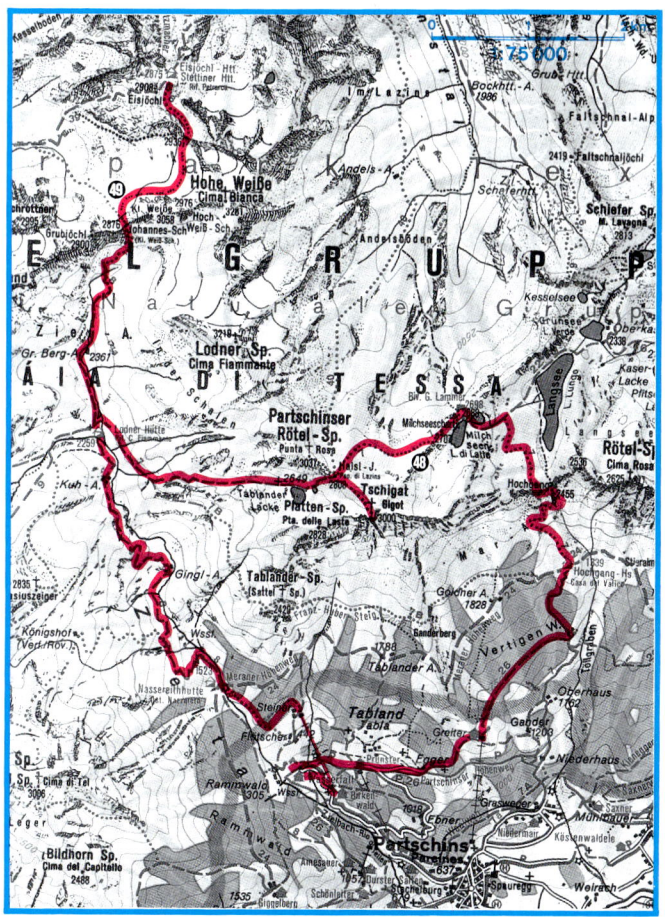

Tourenverlauf: Von der Lodner Hütte führt der Weg Nr. 8 taleinwärts. Am Fuße des Gletschers der Lodner Spitze wird das Tal allmählich weiter. Zuerst über die Moränenwälle bergauf, schließlich die Hänge an der linken Talseite aufsteigend, erreichen wir die Johannesscharte. Auf der Rückseite ist ein kurzer Abstieg (mit Seilen versichert) zu bewältigen, bis man den Gletscher am Fuße der Hohen Weiße nach rechts quert, und über Blockhalden schließlich zur Stettiner Hütte gelangt. Landschaftlich schöne, jedoch insbesondere im Hochsommer oft problematische Überschreitung, da nicht selten aufgrund der starken Ausaperung Steigeisen notwendig sind. Die Stettiner Hütte ist Stützpunkt für die Besteigung der Hohen Weiße, 3.281 m (2½ Std., I).

50 Höhenwanderung: Lodner Hütte – Halsljöchl, 2.808 m – Pfelders

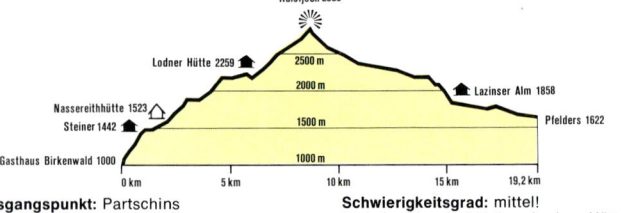

Ausgangspunkt: Partschins
Parken: Gasthof Birkenwald
Höhenunterschied: 1.365 m
Wanderzeit: 8 Std.

Schwierigkeitsgrad: mittel!
Einkehr: Nassereithhütte, Lodner Hütte, Lazinser Alm

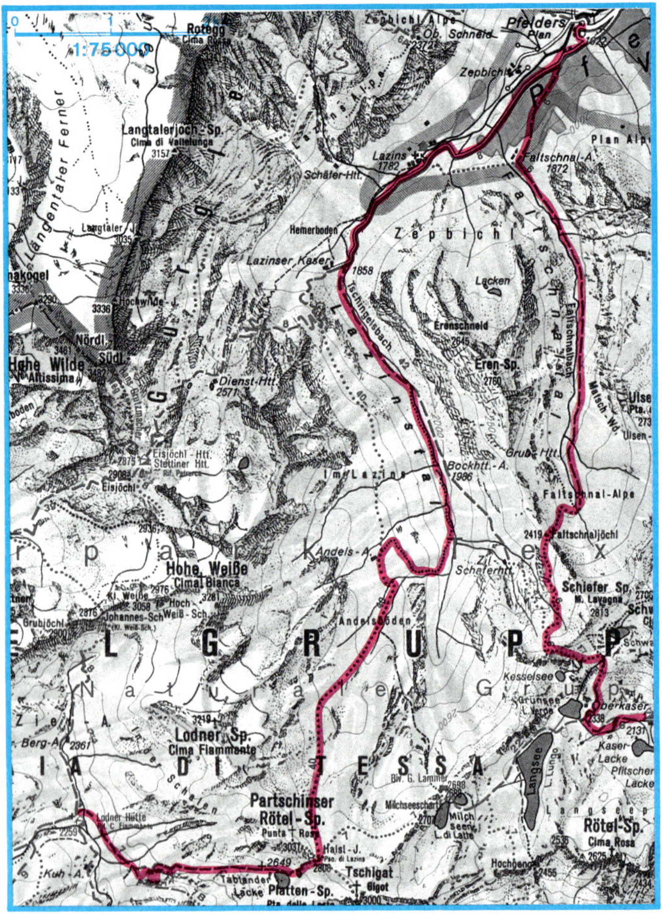

Hohe Wilde mit Texelspitze, Roteck, Ortlergruppe

Tourenverlauf: Von der Lodner Hütte kann auf gutem Steig zum Halsljöchl aufgestiegen werden. Von hier führt ein Weg zuerst über Geröllhalden, dann über flache Almwiesen zu den Andelsböden am Fuße des Lodners. An der linken Seite des Lazinstales quert der Weg die Hänge der Hohen Weiße, bis er auf den Weg, der zur Stettiner Hütte führt, trifft. Nun gehts in Serpentinen hinunter zur Lazinser Alm und talauswärts nach Pfelders. Unglaublich ist die Stille, welche noch in den nur so wenig begangenen Tälern der Texelgruppe herrscht, wie dem Lazinstal. Es bietet sich noch eine zweite Möglichkeit von der Meraner Gegend über die Texelgruppe in das Bergbauerndorf Pfelders zu gelangen: Von der Bockerhütte aus kann an der Ober Kaser vorbei zum Grünsee aufgestiegen werden. Rechts am Grünsee vorbei führt der Weg auf einen relativ steilen Rücken, und führt unterhalb des Schwarzsees nach links aufs Joch. Nun kann entweder übers Faltschnaltal direkt durchs Lazinstal über die Lazinser Alm nach Pfelders abgestiegen werden.

51 **Hochtour:** Partschins – Lodner Hütte – Lodner, 3.219 m

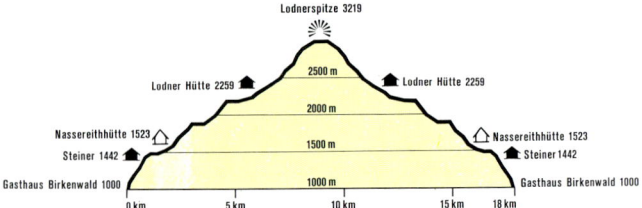

Ausgangspunkt: Partschins
Parken: Gasthaus Birkenwald (Wasserfall)
Höhenunterschied: 1.780 m
Wanderzeit: 9 Std.

Schwierigkeitsgrad: nur für Geübte!
Einkehr: Nassereithhütte, Lodner Hütte
Karte: siehe Seite 91

Tourenverlauf:

1. Tag: Von Partschins fahren wir auf schmaler Straße Richtung Partschinser Wasserfall bis zum Gasthof Birkenwald. Ungefähr 200 m weiter befindet sich die Talstation der luftigen Seilbahn zum Steiner Bauernhof. Vom Steiner steigen wir über Nassereith zur Lodner Hütte auf (Markierung Nr. 8).

2. Tag: Von der Lodner Hütte folgt man dem Weg Richtung Johannisscharte taleinwärts. Im erweiterten Talkessel führt der Weg nach links, während wir über die Moränen rechts aufsteigen. Links haltend steigen wir über den steilen Gletscher zu dem von der Hohen Weiße kommenden Grat auf. Nun wieder eher rechts haltend steigen wir über das nun sehr steile Firnfeld auf den zum Gipfel führenden Rücken auf (im Sommer schwierige Eistour, III! Bei ausgeapertem gelben Felsen nicht ratsam). Abstieg besser über den NW-Grat.
Diese Tour, welche als schwierig (III) gilt, kann nur von erfahrenen Bergsteigern mit vollständiger Gletscherausrüstung unternommen werden.

52 **Höhenwanderung:** Partschins – Lodner Hütte – Franz-Huber-Weg – Hochganghaus – Partschins

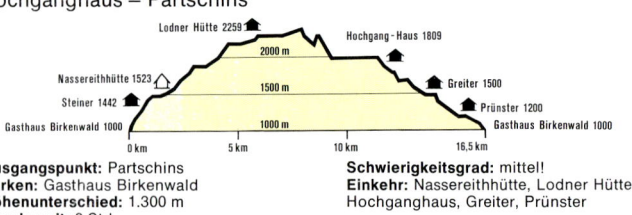

Ausgangspunkt: Partschins
Parken: Gasthaus Birkenwald
Höhenunterschied: 1.300 m
Wanderzeit: 8 Std.

Schwierigkeitsgrad: mittel!
Einkehr: Nassereithhütte, Lodner Hütte, Hochganghaus, Greiter, Prünster

Tourenverlauf: Von Partschins kann mit dem Auto bis zum Gasthof Birkenwald gefahren werden (zu Fuß 1 Std.). Ungefähr 200 m nördlich vom Parkplatz befindet sich die Talstation der Seilbahn zum Steiner. Vom Steiner erreicht man in 20 Minuten die Nassereithhütte am Beginn des noch unberührten Zieltales. An der orographisch rechten Talseite führt von hier der Weg Nr. 8 zur Lodner Hütte. Anfangs auf einem Rücken,

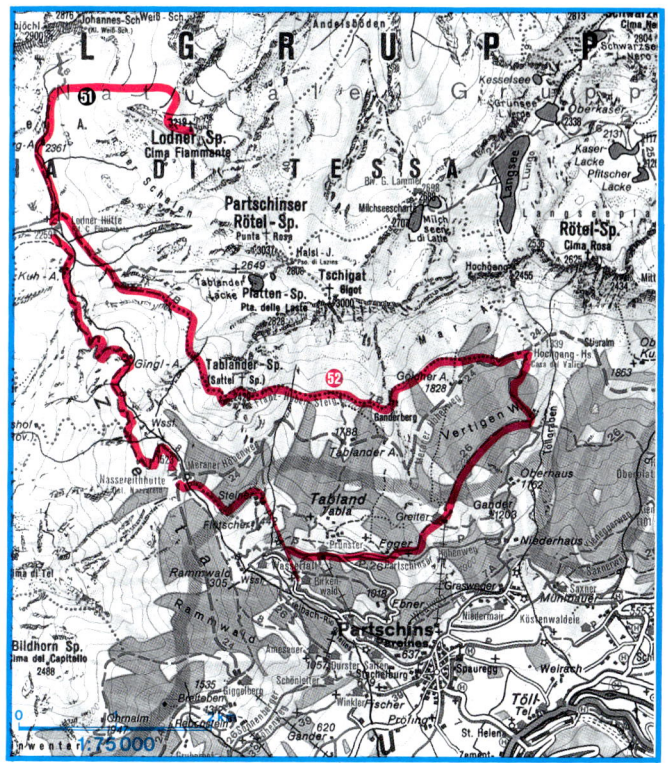

dann talein zur Ginglalm, wieder bergauf auf einen Rücken und schließlich flach an der Kuhalm vorbei, gelangen wir zur Lodner Hütte (Sommerbewirtschaftung). Rechts hinter der Hütte beginnt der Weg Nr. 7 und 7b. Nach 10 Minuten zweigt Nr. 7 zum Halsljöchl ab, während 7b zum Hochganghaus führt. Meist flach, von mehreren Auf- und Abstiegen unterbrochen, führt der Franz-Huber-Weg durch ein landschaftlich schönes Gelände. Die steilen Bergflanken der Tablanderspitze querend, gilt es eine kurze, ausgesetzte, mit Seilen versehene Passage zu überwinden. Vom Hochganghaus steigen wir zum Greiter ab, wobei anfangs Markierung Nr. 7 und dann Nr. 26 zu folgen ist. Vom Greiter kehren wir am Egger und Prünster vorbei zum Ausgangspunkt zurück.
Es besteht auch die Möglichkeit in umgekehrter Richtung diese Wanderung durchzuführen, wobei es dann günstiger ist, von Oberplars mit dem Gondellift zur Leiteralm aufzufahren, um von dort dieses Unternehmen zu starten.

53 Hochtour: Lodner Hütte – Roteck, 3.336 m

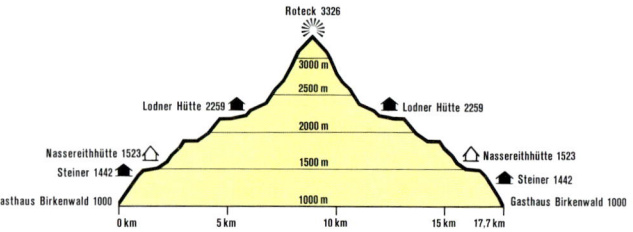

Ausgangspunkt: Partschins
Parken: kurz nach dem Gasthof Birkenwald
Höhenunterschied: 1.080 m

Wanderzeit: 5 Std.
Schwierigkeitsgrad: mittel
Einkehr: Lodner Hütte

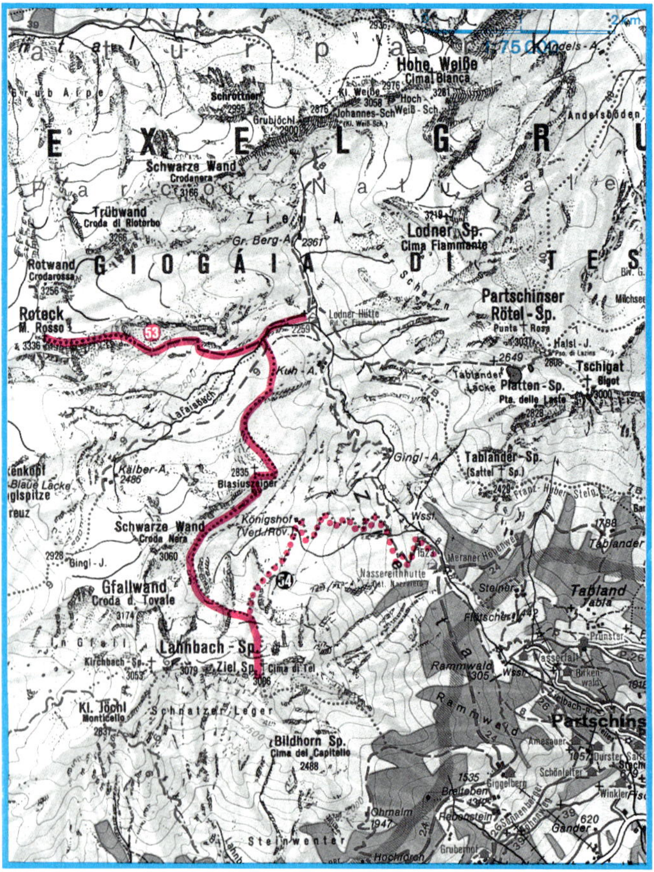

Tourenverlauf:

1. Tag: Die Lodner Hütte kann entweder über den Franz-Huber-Weg von der Leiteralm, oder von Partschins aus, indem man die Bahn zum Steiner Hof benutzt, erreicht werden. Weiters gibt es die Möglichkeit, vom Hochgang über die Milchseescharte zur Lodner Hütte zu gelangen.

2. Tag: Besteigung des trotz seiner Nähe zu Meran nur wenig begangenen Rotecks. Die Lodner Hütte verlassen wir der Markierung folgend neben der Kapelle Richtung Westen. Immer an der rechten Talseite bleibend geht es zuerst mäßig ansteigend taleinwärts, dann in Kurven den Grashang nach rechts aufsteigend, bis wir den Grat erreichen. Nun über Felsblöcke am anfänglich breiten und später schmäler werdenden Grat entlang zum Gipfel. Das letzte Stück ist mit einigen Drahtseilen versichert. Abstieg wie Aufstieg.

Die Besteigung des Rotecks, dem höchsten Gipfel der Texelgruppe, erfordert Trittsicherheit und aufgrund der Höhe ausreichend Bergerfahrung, wenn auch keine Gletscherüberschreitung notwendig ist.

54 Bergtour: Lodner Hütte – (Blasiuszeiger, 2.835 m) – Zielspitze, 3.006 m

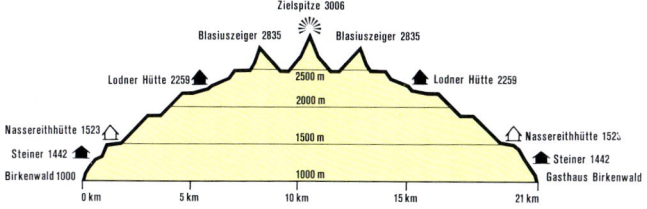

Ausgangspunkt: Partschins
Parken: Gasthaus Birkenwald
Höhenunterschied: 1.565 m
Wanderzeit: 5 Std.

Schwierigkeitsgrad: nur für Geübte!
Einkehr: Nassereithhütte, Lodner Hütte
Karte: siehe Seite 92

Tourenverlauf: Die Zielspitze ist der südlichste Ausläufer der Texelgruppe. Sie erreicht eine Höhe von über 3.000 m und bietet einen herrlichen Blick hinunter zu den Dörfern Rabland und Partschins. Von der Lodner Hütte führt eine Markierung (Blasiuszeiger) unterhalb der Kapelle vorbei in das linke Tal, quert den Bach, führt hinter dem Rücken mit Kreuz, gegenüber der Lodner Hütte, Richtung Südwesten und quert schließlich die Flanke des Blasiuszeigers. Je nach Belieben kann hier zum Blasiuszeiger aufgestiegen werden, oder, aufgrund der Aussicht lohnender, weiter in südwestliche Richtung den Talkessel querend, über ein Firnfeld zum Grat und weiter zum Gipfel der Zielspitze aufgestiegen werden.

Sollte diese Tour als Eintagestour unternommen werden, so bietet sich die Möglichkeit, den Weg zur Lodner Hütte (erster Rücken nach Nassereith, bevor der Weg flach zur Ginglalm führt) zu verlassen, um über das steile Gelände – keine Markierung – sich links haltend zu den Steinmanndln, und weiter über die Moränen des Talkessels aufsteigend, das Firnfeld zu erreichen. Abstieg wie Aufstieg.

55 **Wanderung:** Partschins – Greiter – Prünster – Partschinser Wasserfall – Partschins

Ausgangspunkt: Partschins
Parken: Partschins/Dorfmitte
Höhenunterschied: 860 m
Wanderzeit: 2 Std.
Schwierigkeitsgrad: leicht!
Einkehr: Greiter, Prünster, Gasthaus
Wasserfall, Gasthaus Birkenwald

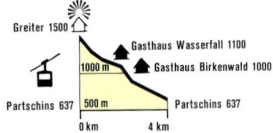

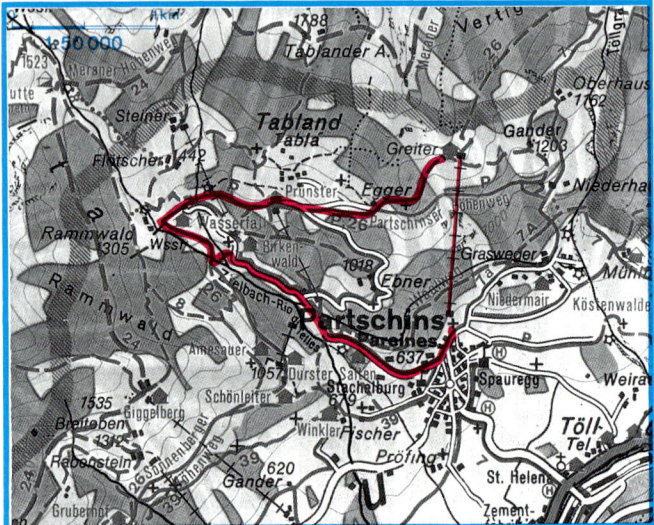

Tourenverlauf: Direkt von Partschins (rechts an der Kirche vorbei bis
die Obstgärten beginnen, Römerstraße) – führt eine luftige Seilbahn
zum hoch über Partschins gelegenen Greiterhof. Wie von einem Flug-
zeug aus können die darunter gelegenen Obstgärten betrachtet werden. Abwechselnd durch Wald und Wiesen führt ein schöner Weg
westwärts zum Egger und weiter zum Gasthaus Prünster. Auf einem alten Pfad, beidseitig durch alte Holzzäune begrenzt, queren wir die steilen Bergwiesen und kommen dem Rauschen des Wasserfalls immer
näher. Der Partschinser Wasserfall ist mit einer Sturzhöhe von 97 m einer der beeindruckendsten Wasserfälle Südtirols. Ein Stück durch steilen Laubwald hinunter zum Gasthaus Wasserfall abgestiegen, führt uns
von dort ein schmaler Steg direkt zum Wasserfall. Auf der schmalen
Fahrstraße kehren wir nach Partschins zurück.

56 **Wanderung:** Töll – Marlinger Waalweg – Lana

Ausgangsort: Meran
Parken: Meran (Rennweg, Bushaltestelle)
Höhenunterschied: zirka 200 m
Wanderzeit: 3 – 4 Std.
Schwierigkeitsgrad: leicht!
Einkehr: zahlreiche Weinschenken am Weg

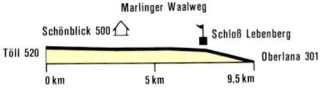

94

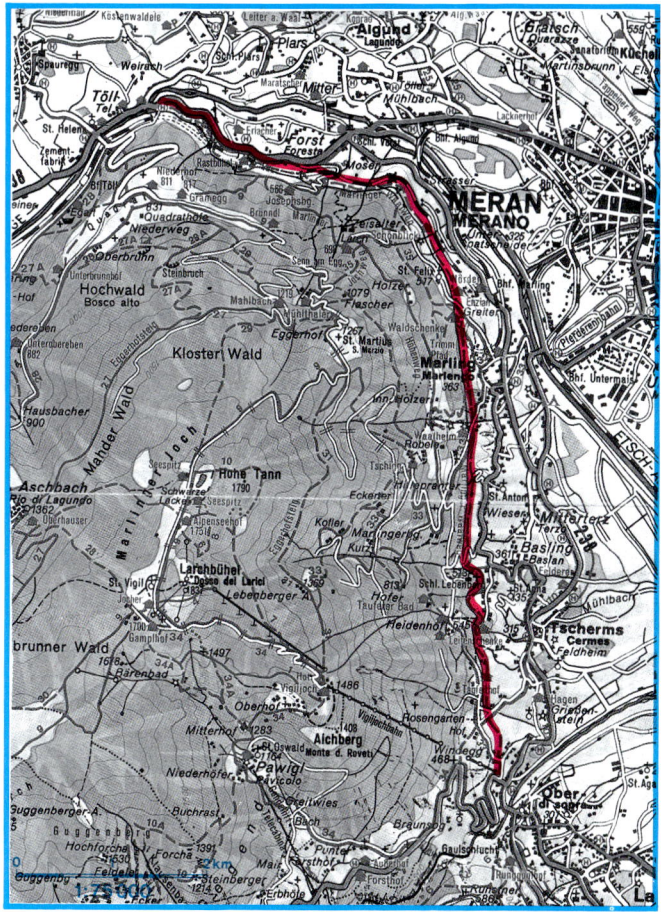

Tourenverlauf: Mit dem Linienbus erreichen wir die Töll an der Mündung des Vinschgaus, von wo aus der Marlinger Waalweg den Bewässerungskanal durch Wiesen, Obst- und Weingärten bis nach Oberlana begleitet. Besonders lohnend ist diese Wanderung zur Zeit der Baumblüte im Frühjahr! Viele Raststätten laden zum Blick über das Meraner Becken und das mittlere Etschtal ein. St. Felix und das Schloß Lebenberg können auf der rund 10 Kilometer langen Wanderung aufgesucht werden. In Marling und Tscherms bieten sich mehrere Möglichkeiten (beschildert) den Waalweg frühzeitig zu verlassen. Nach einem kurzem Abstieg gelangt man in Lana direkt zur Bushaltestelle, von wo wir wieder nach Meran zurückkehren.

57 Rundwanderung: Vigiljoch – Eggerhofsteig – Aschbach – St. Vigil – Vigiljoch

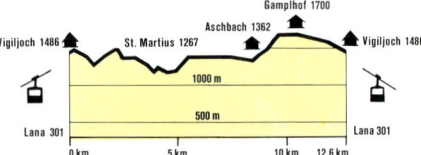

Ausgangsort: Lana
Parken: Vigiljochseilbahn
Höhenunterschied: 500 m
Wanderzeit: 5 Std.

Schwierigkeitsgrad: leicht!
Einkehr: Mahlbach, Oberhauser (Aschbach), Jocher, Gamplhof

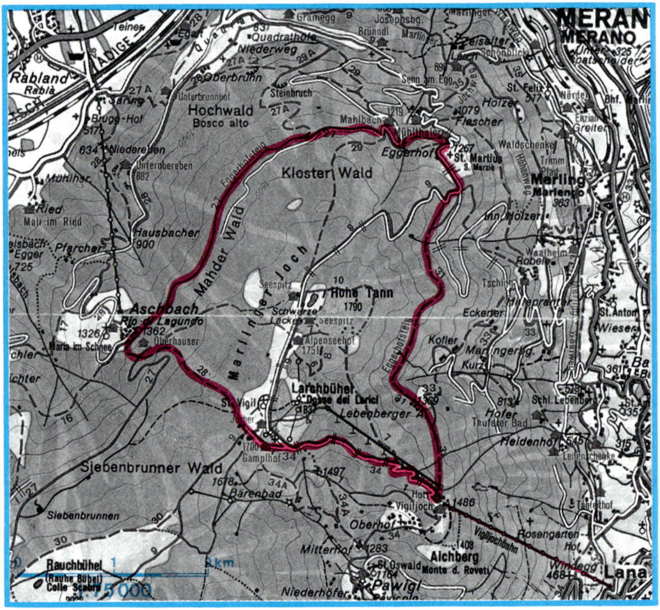

Tourenverlauf: Dies ist ein herrlicher Ausflug um das Marlinger Joch. Vom schattigen, nahezu eben verlaufenden Eggerhofsteig ergeben sich viele großartige Blicke auf das Meraner Becken und den Vinschgau.

Von der Bergstation der Vigiljochseilbahn folgen wir der Markierung Nr. 31 auf dem leicht abfallenden Eggerhofsteig, zuletzt ein kurzes Stück den Fahrweg benutzend, bis zum Eggerhof. Von dort zweigen wir nach links zum Gasthof Mahlbach ab. Weiter geht es auf dem Weg Nr. 27 durch den Mahder Wald nach Aschbach und nun leicht ansteigend nach St. Vigil. Auf dem Fahrweg kehren wir von dort wieder zur Bergstation zurück.

Ultental

Ultental

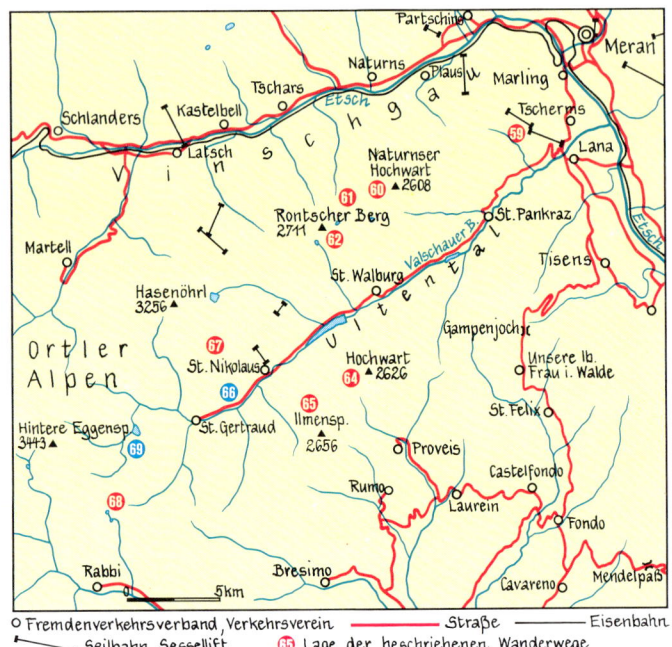

O Fremdenverkehrsverband, Verkehrsverein ■■■■ Straße ── Eisenbahn
→ Seilbahn, Sessellift ⑥ Lage der beschriebenen Wanderwege

Das Ultental verläuft in rund 40 km Länge vom Quellgebiet des Valschauer Baches am Weißbrunngletscher bis zur Klamm der Gaulschlucht bei Oberlana. Südlich von St. Pankraz zweigt das stille Marauntal ab. Es endet mit dem Übergang über die Hofmahdalm nach der deutschen Sprachinsel Proveis. Das Ultental ist nicht allein wegen seines Holzreichtums, sondern auch wegen seiner prächtigen Almweiden bekannt. Diese werden zum Beispiel im Gebiet der Schwemmalm im Winter als familienfreundliches Skigebiet genutzt. Die Kuppelwieser Alm mit dem nahen Arzkersee am Fuß des Hasenöhrl sind schöne Ausflugsziele. Das anfangs etwas eintönig wirkende, von Felskulissen und Wald gesäumte Tal wird in seinem oberen Teil breiter und ausladender. Hier befinden sich an den gegen Süden gerichteten Berghängen eine ganze Kette oft uralter Berghöfe. Aus Ansiedlungen des Klosters Weingarten in Schwaben hervorgegangen, bildete die Bevölkerung des Ultentales schon immer eine in sich geschlossene Kirchen- und Gerichtsgemeinde. Lehensherren waren hier lange Zeit die Grafen von Ulten, eine Nebenlinie der Eppaner Grafen, und seit 1253 die Burggrafen von Tirol. Sitz der Lehensherren im Ultental war die Burg Eschenlohe, etwa 2 km vor St. Pankraz.

Ortsbeschreibungen:

Höhe: 1.519 m, Einwohner: 550, Postleitzahl: I-39016, Tel.-Vorwahl: 0473. **Auskunft:** Verkehrsverein Ulten, Tel. 79912.

Die letzte Siedlung im hinteren Ultental ist das Dörfchen St. Gertraud oberhalb der Mündung des Kirchbergtales. Es ist Ausgangspunkt zahlreicher Wanderungen in die östliche Cevedalegruppe.

Sehenswert im Ort und in der Umgebung

Die **Pfarrkirche zur hl. Gertraud** wurde 1390 erstmals erwähnt. Sie wurde um 1684 umgebaut. Die Friedhofskapelle stammt aus dem 17. Jh. Die **Pilsen-Einödhöfe.**

ST. NIKOLAUS IM ULTENTAL

Höhe: 1.256 m, Einwohner: 750, Postleitzahl: I-39016, Tel.-Vorwahl: 0473. **Auskunft:** Verkehrsverein Ulten, Tel. 79912.

St. Nikolaus, ein Ortsteil der Gemeinde Ulten, ist eine kleine, beliebte Sommerfrische in ruhiger Lage. Das liebliche Dorf wird von zahlreichen altertümlichen Bergbauernhöfen umgeben.

Sehenswert im Ort und in der Umgebung

Die **Kuratialkirche zum hl. Nikolaus** entstand im 14. Jh., wurde um 1500 umgebaut und im 18. Jh. verlängert. Das **Ultener Talmuseum** mit volkskundlichen Sammlungen.

ST. PANKRAZ

Höhe: 736 m, Einwohner: 1.900, Postleitzahl: I-39010, Tel.-Vorwahl: 0473. **Auskunft:** Verkehrsverein St. Pankraz, Tel. 78123.

Die Gemeinde St. Pankraz ist die größte Siedlung des äußeren Ultentales. Das vom Kirchenbach durchzogene Falkomaital und das Marauntal münden hier in einen Talkessel, der noch abseits vom großen Verkehr um Meran liegt. Wiesen und prächtige Waldungen, dazwischen alte und schöne Bauernhöfe, prägen die idyllische Landschaft. Wanderer wie Bergsteiger finden eine reiche Auswahl an Spazierwegen und lohnenden Hochtou-

»Häusl am Stoan«, Ulten

ren. In der näheren Umgebung liegen der Weiler St. Helena mit einer uralten Kapelle und das Heilbad Mitterbad, mit seinen kupfer- und eisenhaltigen Quellen, das Ziel vieler Besucher. In vergangenen Jahrhunderten gab es ein eigenes Aufgebot an Bärenjägern, die die Schafweiden schützen sollten. Die Bären stammten aus der Adamello- und Ortlergruppe. Das Ultental mit seinen Gemeinden bot früher verfolgten Flüchtlingen Asyl.

Sehenswert im Ort und in der Umgebung

Die **Pfarrkirche,** um das Jahr 1000 errichtet; 1338 umgebaut. Am Turm Steingesimse und ein interessantes Ziffernblatt, Wappen der Grafen Trapp. Die zweistöckige **Pestkapelle St. Sebastian,** 14. Jh. **Burgruine Eschenlohe,** ehemaliger Gerichtssitz, Stammschloß des gleichnamigen Grafengeschlechtes. **Häusl am Stoan. Weiler St. Helena** auf dem Sonnenberg. **Heilbad Mitterbad.**

Klapfbergtal/Ultental

ST. WALBURG

Höhe: 1.192 m, Einwohner: 3.000, Postleitzahl: I-39016, Tel.-Vorwahl: 0473. **Auskunft:** Verkehrsverein Ulten, Tel. 79912.

St. Walburg ist Hauptort und Sitz der Gemeinde Ulten. Diese umschließt das ganze innere Ultental mit den Fraktionen St. Nikolaus und St. Gertraud.

Sehenswert im Ort und in der Umgebung

Die **Kuratialkirche zur hl. Walburg** wurde 1518 erstmals erwähnt. Sie wurde im 15. Jh. umgebaut, 1843 verlängert und 1926 ein Seitenschiff hinzugefügt. Die **Kapelle Unserer Lieben Frau** im Ortsteil Kuppelwies wurde ursprünglich 1570 errichtet, 1950 beschädigt und 1952 neu gebaut. Der **Weiler St. Moritz,** ein ehemaliges Quellenheiligtum. Der **Zoggler Stausee.**

Wanderungen und Bergtouren im Ultental

58 **Wanderung:** St. Pankraz – Lana

Ausgangspunkt: Lana
Parken: Lana Dorfmitte
Höhenunterschied: 900 m
Wanderzeit: 4 Std.
Schwierigkeitsgrad: leicht!
Einkehr: Runggöglhof, Jausenstation Raffler

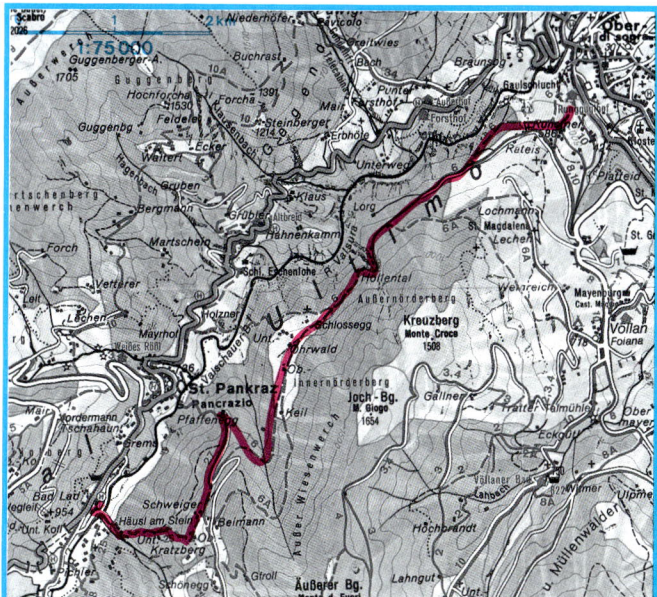

Tourenverlauf: Diese Wanderung kann sowohl taleinwärts, als auch talauswärts unternommen werden. Wir fahren mit dem Linienbus von Lana nach Bad Lad (knapp 1,5 km nach St. Pankraz, Bushaltestelle). Hier steigen wir ins Bachbett ab und queren den Valschauer Bach. Der Markierung 25 folgend (Markierung Richtung Platzers), gelangen wir nach knapp einer Stunde Aufstieg am Unter- und Oberkratzberg vorbei zum Schweiger. Von hier bietet sich uns ein herrlicher Blick zum Laugen, zur Hochwart und in den Talgrund. Nun folgen wir der Markierung 6A leicht fallend durch den Wald und ein Stück steil bergab zum Pfaffenegg (hierher kann auch von St. Pankraz direkt aufgestiegen werden). Nun gilt es am schmalen Steig ein Tal zu queren, um zu den Ohrwaldhöfen zu gelangen. Weiter durch den Wald (nun Nr. 6), dann der Schotterstraße folgend (Abzweigungsmöglichkeit nach Völlan), an der Jausenstation Raffler vorbei, nun durch Laubwald nach Lana bergab, geht es zum Runggöglhof.

Wanderung: Vigiljoch – Pawigl – St. Pankraz

Ausgangspunkt: Lana
Parken: Talstation Vigiljochbahn
Höhenunterschied: 700 m
Wanderzeit: 4 Std.
Schwierigkeitsgrad: mittel!
Einkehr: Pawiglerwirt, Bergmannhof

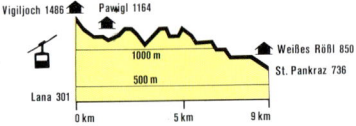

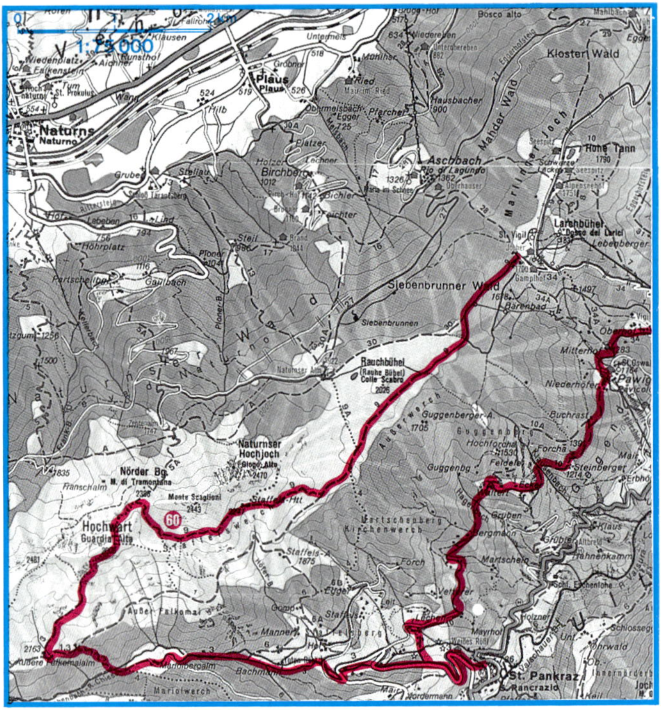

Tourenverlauf: Direkt von der Bergstation der Vigiljochbahn geht ein schöner Weg, anfangs durch Wald – dann an Bauernhöfen vorbei, leicht fallend zum Weiler Pawigl (Nr. 34). Pawigl ist auch von der Ultnerstraße (gleich nach den Kehren am Talbeginn) aus mit dem Auto oder einer kleinen Seilbahn erreichbar. Direkt neben der Kirche (Pawiglerwirt) führt der Weg nach rechts zu einem Bauernhof. Hier teilt sich der Weg. Der Nr. 34 weiter folgend kann in 1½ Stunden nach Lana abgestiegen werden. Nr. 10 führt leicht ansteigend zum Buchrasthof. Nun muß der Klausenbach gequert werden und wieder erreichen wir einen Bauernhof – Ecker. Ein herrlicher Blick von Lana bis zu den Dolomiten entschädigt die Anstrengung des Aufstiegs vom Klausenbach. Hier bietet sich die Möglichkeit, nach Altbreid (Bushaltestelle) abzusteigen. Um nach St. Pankraz zu gelangen, muß auf schmalem Steig das Hagental gequert werden, wobei ein Hindernis auf einer schmalen Holzleiter zu überwinden ist. Vom Bergmannhof steigen wir abwechselnd durch Wald und Wiesen, teilweise auf der Schotterstraße, teilweise durch den Wald, nach St. Pankraz ab, wobei uns die Laugenspitzen und die Ultner Hochwart mit ihrem majestätischen Anblick immer näher kommen.

60 Bergtour: Vigiljoch – Naturnser Hochwart, 2.608 m

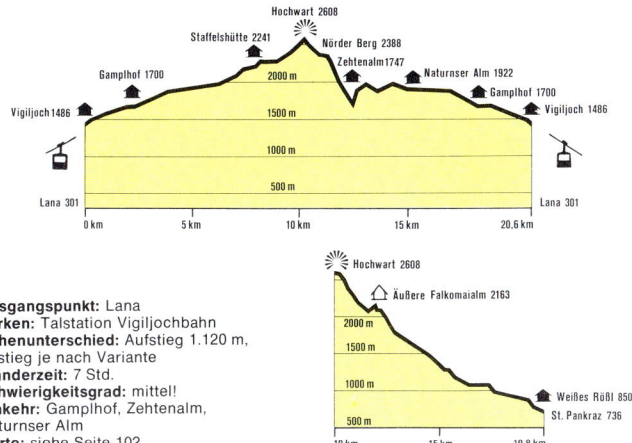

Ausgangspunkt: Lana
Parken: Talstation Vigiljochbahn
Höhenunterschied: Aufstieg 1.120 m, Abstieg je nach Variante
Wanderzeit: 7 Std.
Schwierigkeitsgrad: mittel!
Einkehr: Gamplhof, Zehtenalm, Naturnser Alm
Karte: siehe Seite 102

Tourenverlauf: Von der Bergstation der Vigiljochbahn auf der Schotterstraße (Nr. 34) zum Gamplhof. Es bietet sich auch die Möglichkeit zum Larchbühel mit dem Sessellift aufzufahren. Weiter auf Weg Nr. 9, anfangs durch Wald, später über Almrosenhänge nur leicht ansteigend, bis der Weg Nr. 1 zur Falkomaialm abzweigt, während Nr. 9 weiter über das rückenförmige Gelände bergauf führt. Immer mehr Berge erscheinen am Horizont. Nach einer weiteren Querung gelangen wir in einen Talkessel, wo auch der Weg Nr. 6 von der Staffelsalm kommend mündet. Nun steigen wir zum Ostgrat auf. Hier zweigt der Weg Nr. 5 zur Naturnser Alm ab. Die Hochwart, einer der höchsten Gipfel auf dem zwischen Vinschgau und Ultental liegenden Gebirgskamm, bietet einen herrlichen Rundblick: vom Ifinger über den Tschöggelberg zu den Dolomiten, von den Nonsberger Bergen zur Brenta, von der Ortlergruppe über die Ötztaler zur Texelgruppe.

Je nach Fahrgelegenheit bieten sich verschiedene Abstiegsvarianten:
– über die Naturnser Alm zurück zum Vigiljoch
– über die Naturnser Alm nach Aschbach
– auf Weg Nr. 6 an der Staffelsalm vorbei nach St. Pankraz
– den vom Gipfel führenden Westgrat entlang – Nr. 3 – zur äußeren Falkomaialm und weiter nach St. Pankraz.

61 **Bergwanderung:** Vigiljoch – Ultener Höhenweg – Innere Falkomaialm – St. Pankraz

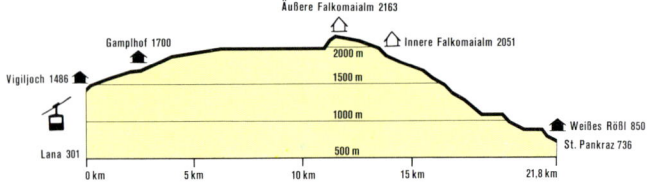

Ausgangspunkt: Lana
Parken: Talstation Vigiljochbahn
Höhenunterschied: 1.430 m
Wanderzeit: 7 Std.
Schwierigkeitsgrad: mittel!
Einkehr: Gamplhof

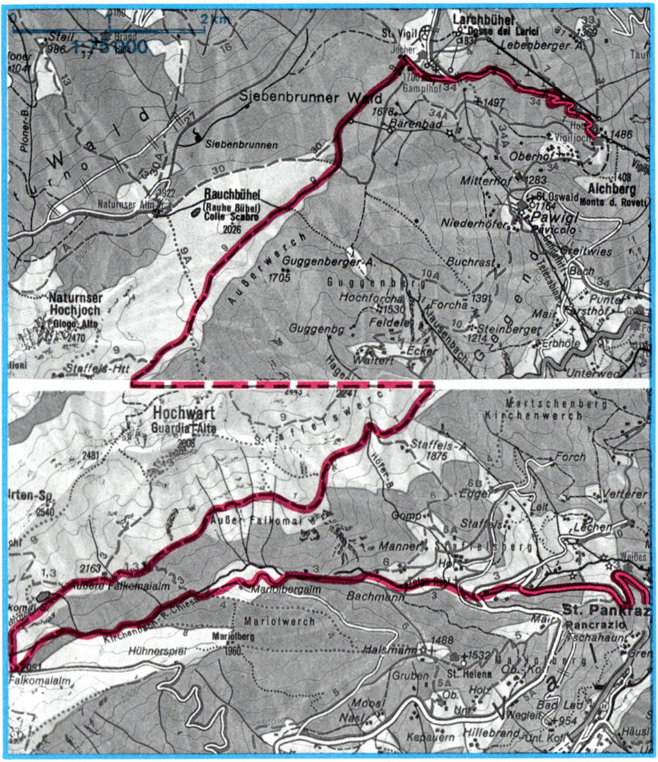

Blick von der Naturnser Hochwart nach Norden

Tourenverlauf: Von der Bergstation der Vigiljochbahn folgen wir einer Schotterstraße – Nr. 34 – am Sessellift vorbei zum Gamplhof. Dieser Punkt kann auch erreicht werden, indem man den Sessellift benutzt und am Gasthof Jocher, nahe des St. Vigil Kirchleins vorbei, westwärts wandert. Weiter durch den Wald, nur mäßig ansteigend folgen wir der Markierung Nr. 9 (»Naturnser Alm« beschildert). Beim Erreichen der Waldgrenze quert der Weg die Alpenrosenhänge, bis wir schließlich ein kleines Wetterkreuz erreichen. Hier zweigt der Weg Nr. 1 Richtung Falkomaialm ab.

Das Etschtal von Lana bis Bozen mit dem Tschöggelberg und dessen Siedlungen, als auch die Dolomiten im Hintergrund sind von den Hängen der Hochwart aus ersichtlich. Je nach Ausdauer kann eine der folgenden Abstiegsvarianten nach St. Pankraz gewählt werden.

– Der Weg Nr. 1 führt oberhalb der Staffelsalm vorbei zur Äußeren Falkomaialm und weiter entlang des Falkomaisees zur Inneren Falkomaialm.

– Von der Staffelsalm kann Nr. 6, später 6A folgend, nach St. Pankraz abgestiegen werden.

– Von der Äußeren Falkomaialm führt der von der Hochwart kommende Weg durchs Kirchbachtal nach St. Pankraz.

– Ebenfalls durch das Kirchbachtal kann von der Inneren Falkomaialm abgestiegen werden.

62 Bergwanderung: Steinrastalm – Kofelraster Seen – Rontscher Berg, 2.711 m

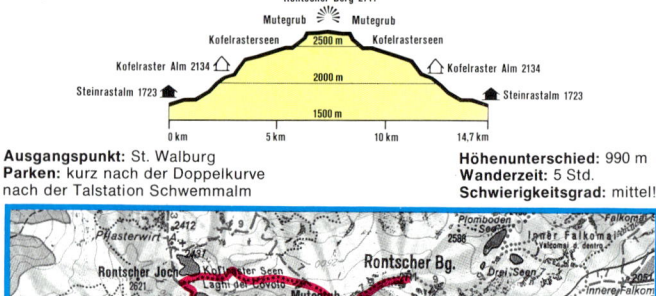

Ausgangspunkt: St. Walburg
Parken: kurz nach der Doppelkurve nach der Talstation Schwemmalm

Höhenunterschied: 990 m
Wanderzeit: 5 Std.
Schwierigkeitsgrad: mittel!

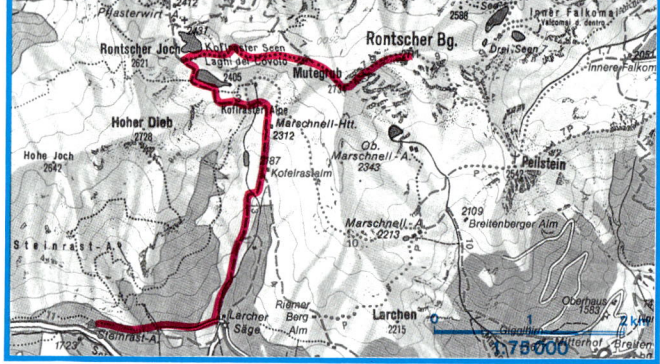

Tourenverlauf: Vom Parkplatz aus der Markierung Nr. 13 folgend und nach kurzem Anstieg einen flachen Waldweg querend, dann in gleichmäßiger Steigung an der Marschnellhütte vorbei, erreichen wir die zwei schön gelegenen Gebirgsseen am Fuße des Hohen Dieb. Zum höher gelegenen See aufsteigend, bietet sich uns ein herrlicher Blick in die Ötztaler Alpen (Similaun). Verlassen wir den höher gelegenen See Richtung Mutegrub, einen eher steilen Hang aufsteigend, erreichen wir einen Grat. Diesem Grat folgend gelangen wir zum Gipfel des 2.711 m hohen Rontscher Berges, mit herrlichem Blick (Vinschgau, Ultental, Texelgruppe, Ortlergruppe). Abstieg wie Aufstieg.

63 Hochtour: St. Walburg – Kuppelwieser Alm – Hasenöhrl, 3.256 m

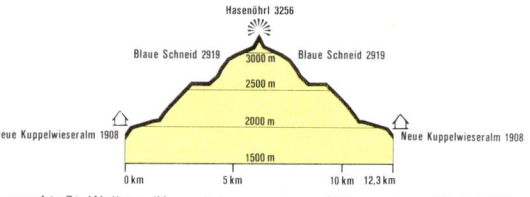

Ausgangspunkt: St. Walburg/Kuppelwieser Alm
Parken: Ende der befahrbaren Straße/Talstation Seilbahn

Höhenunterschied: 1.300 m
Wanderzeit: 6 Std.
Schwierigkeitsgrad: nur für Geübte!

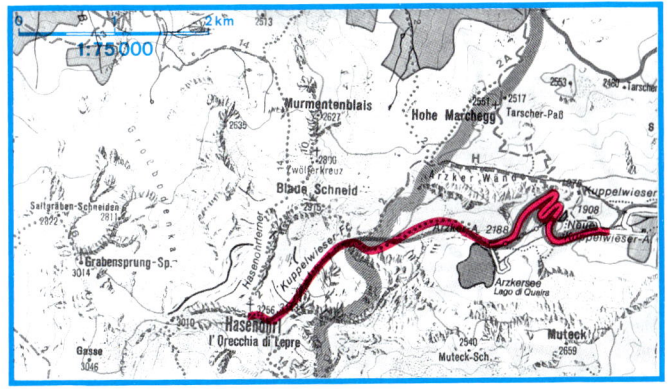

Tourenverlauf: Nach St. Walburg am Zoggler Stausee fahren wir auf der Straße (»Skigebiet Schwemmalm« beschildert) bis an die Talstation der Seilbahn, welche nur für das Personal des Arzker Staussees zugänglich ist. Nun folgen wir der Schotterstraße bis in eine Kurve, kurz bevor die Straße hinter dem Felsrücken verschwindet. Hier folgen wir der Markierung zuerst über Grashalden aufsteigend, dann eher flach das Gelände querend, bis wir, links haltend, zum Grat aufsteigen, welcher zum Gipfel führt. Über Schotter und zwischen Felsblöcken aufsteigend, erreichen wir ohne Gletscherbegehung über diesem Nordgrat das 3.256 m hohe Hasenöhrl, mit seinem herrlichen Blick in die Ortlergruppe. Abstieg wie Aufstieg.

Koflraster See

64 **Bergtour:** St. Walburg – Seegrubenalm – Hochwartsee – Hochwart, 2.626 m

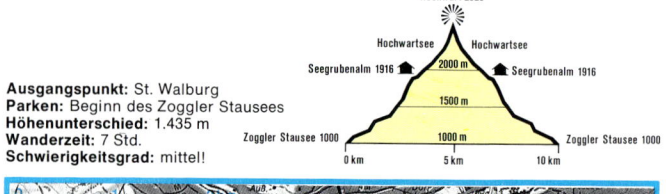

Ausgangspunkt: St. Walburg
Parken: Beginn des Zoggler Stausees
Höhenunterschied: 1.435 m
Wanderzeit: 7 Std.
Schwierigkeitsgrad: mittel!

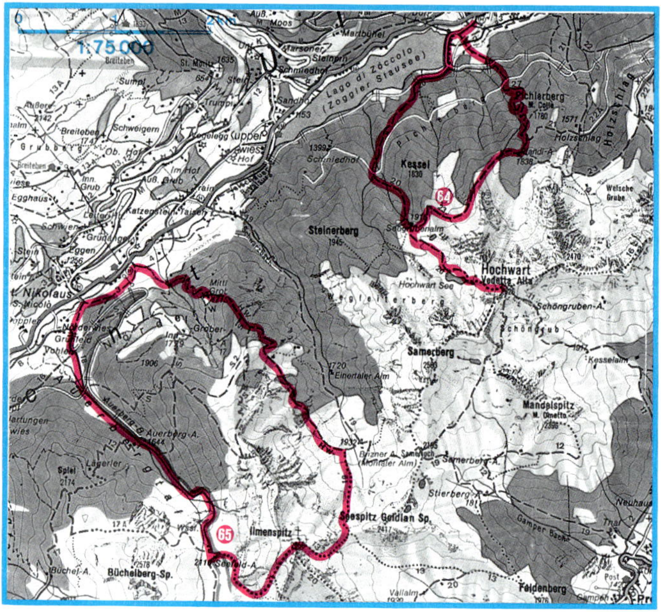

Tourenverlauf: Reizvolle Bergtour an der Südseite des Ultentals. Von St. Walburg fahren wir weiter bis zum Zoggler Stausee. Wir queren den Staudamm und wandern kurz dem Seeufer folgend talein, bis die Markierung Nr. 20 nach links abzweigt und ziemlich steil durch schöne Nadelwälder zur Seegrubenalm führt. Weiter auf dem Weg Nr. 20 erreichen wir den Talkessel mit dem Hochwartsee am Fuße der Ultener Hochwart. Von dort über Steigspuren steil, für Geübte jedoch unschwierig, hinauf zum freistehenden 2.626 m hohen Gipfel mit Blick in die Nonsberger Bergwelt und die sich an der Nordseite des Ultentals erhebenden Gipfel, von der Naturnser Hochwart, über Rontscher Berg zum Hasenöhrl, bis hin zu den höchsten Erhebungen der Ortlergruppe. Abstieg wie Aufstieg.
Für weniger Geübte bietet sich die Möglichkeit, von der Seegrubenalm zur Pfandlalm (Nr. 23) weiterzuwandern und von dort abzusteigen.

65 Bergtour: St. Nikolaus – Ilmenspitz, 2.656 m

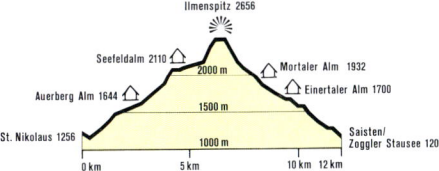

Ilmenspitz 2656

Seefeldalm 2110
2000 m
Mortaler Alm 1932
Einertaler Alm 1700
Auerberg Alm 1644
1500 m
St. Nikolaus 1256
1000 m
Saisten/
Zoggler Stausee 1200

0 km   5 km   10 km 12 km

Ausgangspunkt: St. Nikolaus
Parken: Brücke an der Hauptstraße,
direkt unterhalb des Dorfes
Höhenunterschied: 1.400 m

Wanderzeit: 7 Std.
Schwierigkeitsgrad: mittel!
Karte: siehe Seite 108

Tourenverlauf: Lange, jedoch lohnende Bergtour mit herrlichem Rundblick abseits des Trubels. Unterhalb des Dorfes zweigt von der Hauptstraße eine kleine Straße ab. Gleich nach der Brücke, zwischen den zwei kleinen Häusern, beginnt der Aufstieg. Wir benutzen nicht die Forststraße, sondern den Weg, der gleich zu Beginn von der Forststraße abzweigt (Markierung Nr. 18) und nach Überwindung der Steigung wieder in die Forststraße mündet. Nun nur mehr mäßig ansteigend taleinwärts bis zur Auerbergalm. Weiter taleinwärts erreichen wir auf gutem Weg, nach Überwindung eines steileren Talrückens, die Seefeldalm und den zwischen Ilmenspitze und Seefeldspitze gelegenen Seefeldsee. Links am See vorbei, der Markierung Nr. 18 folgend, über grasdurchsetztes rückenförmiges Gelände, gelangen wir auf Markierung Nr. 113, welche nun über steiles Gelände – nur mehr Steigspuren – zum Gipfel führt.

Als Abstiegsmöglichkeiten bieten sich die Aufstiegsroute oder die folgende schwierigere Variante. Der Gipfel wird Richtung Osten über steiles felsdurchsetztes Gelände verlassen (Nr. 113). Nach 20 Minuten gilt es sich nordseitig (links) zu halten, bis die Scharte erreicht wird. Von der Scharte folgen wir der Markierung Nr. 19 bis wir wieder auf einen besseren Weg gelangen, der zur Moritaler Alm führt. Nun zieht ein breiter, jedoch steiler Schotterweg an einer weiteren Alm vorbei hinab in die Klamm des Schwarzbachs. Von der Gehöftgruppe westlich des Zoggler Stausees benützt man den Bus zurück nach St. Nikolaus (zu Fuß etwa 40 Min.).

Zoggler Stausee

66 **Wanderung:** St. Gertraud – Gschöra – St. Nikolaus

Ausgangspunkt: St. Gertraud
Parken: Gasthof Edelweiß
Höhenunterschied: 150 m
Wanderzeit: 2 Std.
Schwierigkeitsgrad: leicht!
Einkehr: Gasthof Edelweiß

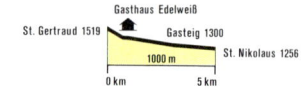

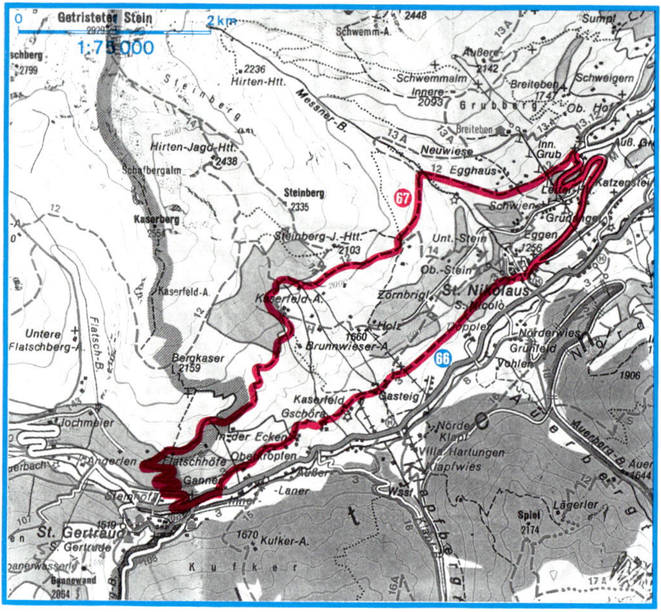

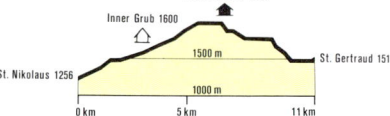

Tourenverlauf: Von St. Gertraud führt ein meist flach verlaufender Weg abwechselnd durch Wiesen und Wald an mehreren Bauernhöfen – mit den für das Ultental typischen durch die Sonne so dunkel gebrannten Holzstädel – vorbei nach St. Nikolaus. Vom Gasthof Edelweiß (Bushaltestelle) die Straße Richtung St. Nikolaus verfolgend, zweigt nach 50 Metern dieser Weg (Markierung Nr. 3) nach links ab.
Vor Beginn der Wanderung, bietet sich noch die Möglichkeit, die »Urlärchen« des Ultentals aufzusuchen. An der gegenüberliegenden Bachseite des Gasthofs Edelweiß führt ein Steig dorthin (zirka 30 Minuten).

67 **Bergwanderung:** St. Nikolaus – Innerultener Höhenweg – Kaserfeldalm – St. Gertraud

Ausgangsort: St. Nikolaus
Parken: St. Nikolaus
Höhenunterschied: 750 m
Wanderzeit: 4 Std.
Schwierigkeitsgrad: mittel!
Einkehr: Kaserfeldalm
Karte: siehe oben!

Himmelschlüssel

Tourenverlauf: Von St. Nikolaus (rechts an der Kirche vorbei) führt eine Straße nach St. Moritz (»Schigebiet Schwemmalm« beschildert). Wir folgen dieser Straße am Leiterhof vorbei, bis wir nach der zweiten Kehre zum Inner Grubhof gelangen (Pension Schwemmerhof). Zur Erleichterung kann bei bestehender Fahrgelegenheit bis hierher auch gefahren werden. Die Straße nach links verlassend, direkt am Inner Grubhof vorbei, gelangen wir, ein Stück die Wiese querend, auf einen Waldweg (Nr. 12). Nur leicht ansteigend quert der Weg die Nordseite des Ultener Tales. Am Messner Bach angelangt, teilt sich der Weg. Wir folgen dem unteren, queren den Bach und steigen nun durch hübsche Lärchenwälder auf, bis wir auf den Weg treffen, der von St. Nikolaus zum Hasenöhrl führt. Weiter auf Weg Nr. 12 gelangen wir zur Kaserfeldalm, zu den mit Schindeln gedeckten Almhütten. Ungefähr 5 Minuten bevor man die Alm erreicht, trifft man auf die Markierung H, welche direkt nach St. Nikolaus führt.

Von der Alm (oberhalb der Hütte nach links) führt die Markierung (»Flatschhöfe«) weiter flach talein und schließlich hinunter zum Öbersthof auf einer Höhe von 1.800 Metern. Von hier steigen wir entweder auf der Fahrstraße, oder dem Kirchweg der Bauern (keine Markierung) folgend nach St. Gertraud, dem schon von oben ersichtlichen Bergdorf im hintersten Ultental ab.

68 Bergwanderung: Weißbrunnsee – Langsee – (Schwärzer Joch – Gleck) Rabbijoch – St. Gertraud

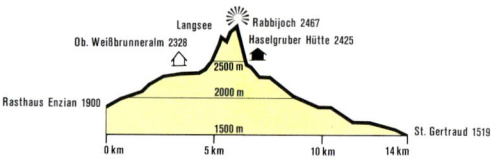

Ausgangspunkt: St. Gertraud in Ulten
Parken: St. Gertraud
Höhenunterschied: 1.330 m (1.440 m)

Wanderzeit: 6–8 Std. (je nach Variante)
Schwierigkeitsgrad: mittel!
Einkehr: Haselgruberhütte

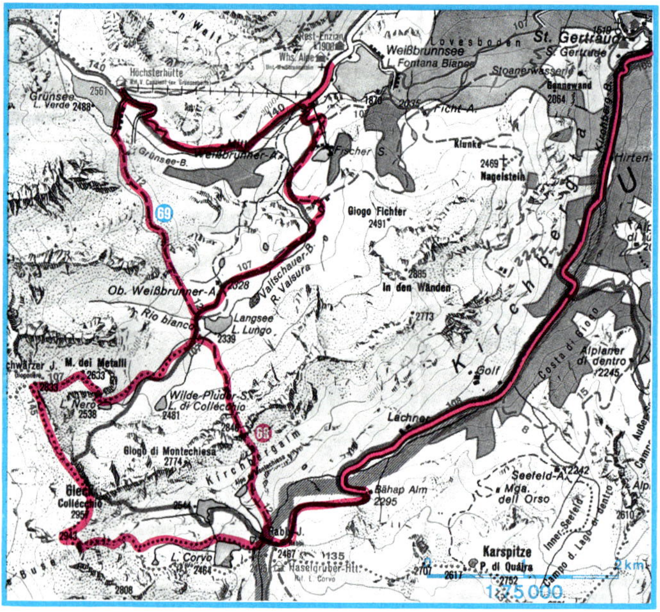

Tourenverlauf: Um den Anstieg zu kürzen, empfiehlt es sich, morgens per Anhalter – abends kaum noch Verkehr – zum Weißbrunnsee aufzufahren. Von dort steigen wir am Fischersee vorbei, über flache Kuppen zum Langsee auf.

Ausdauernde können von St. Gertraud direkt an der Kirche vorbei, flach nach rechts, dann durch den Wald empor zur Fichtalm und weiter zum Langsee aufsteigen.

Nun muß entschieden werden, ob Sie zum Schwärzerjoch und weiter zum Gleck oder direkt zum Rabbijoch gehen wollen.

– Rechts am See vorbei, beginnt an dessen Ende die Markierung Nr. 12 und führt durch steiles Gelände, oft nur Steigspuren im Geröll, auf den Grat (südlich = links vom See). Von dort bietet sich uns nach kurzem

Anstieg ein herrlicher Blick. Im Vordergrund die Corvo Seen am Rabbijoch, im Hintergrund die Eisfelder der Presanella und Brenta. Die Haselgruberhütte liegt etwa 50 Meter unterhalb des Rabbijochs, das in 30 Minuten vom Grat aus erreicht wird.

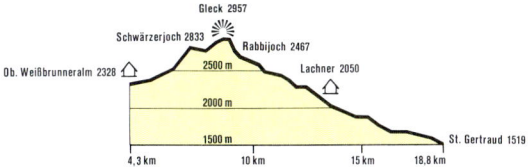

— Vom Langsee folgen wir den Trittspuren der Markierung Nr. 107 weiter teileinwärts, dann rechts haltend, bis wir das Schwärzerjoch erreichen. Nun auf Nr. 145, meist am Grat bleibend, zum Gipfel des 2.957 m hohen Gleck, mit Blick in den Süden (Rabbi, Brenta und Presanella). Von dort entweder auf demselben Weg zurück, oder an den Corvo Seen vorbei zum Rabbijoch. Die Pfadspuren führen östlich durch Geröll und Blockhalden in die Senke der Seen und zum Schutzhaus. Vom Rabbijoch steigen wir durchs Kirchbergtal an mehreren Almen vorbei, meist auf einer Schotterstraße (Nr. 108), nach St. Gertraud ab. Kurz vor dem Talende zweigt ein schöner Waldweg ab, der direkt zur Kirche führt.

69 **Bergwanderung:** Weißbrunnsee – Höchsterhütte – Langsee – Fischersee

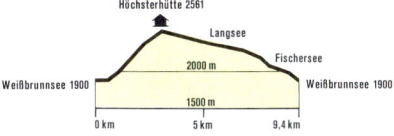

Ausgangspunkt: St. Gertraud im Ultental
Parken: Weißbrunnsee
Höhenunterschied: 660 m
Wanderzeit: 3 1/2 Std.

Schwierigkeitsgrad: leicht!
Einkehr: Höchsterhütte
Karte: siehe Seite 112

Tourenverlauf: Den Weißbrunnsee im hintersten Ultental erreicht man von St. Gertraud aus. Vom Weißbrunnsee folgen wir der Nr. 140 auf schönem Steig an der Weißbrunnalm vorbei zur Höchsterhütte. Am Fuße der Eggenspitzen und der Zufrittspitze in einem weiten Karbecken, wo einst ein natürlicher See, der Grünsee war, wird heute das Gletscherwasser zur Stromerzeugung gestaut. Die Höchsterhütte, heute ein modernes Gebäude, steht direkt neben dem Stausee.
Die Markierung Nr. 12 füht am Staudamm entlang, dann über Kuppen zum Langsee. Am linken Ufer des Langsees vorbei steigen wir über flache Almwiesen an mehreren Lacken vorbei (Nr. 107) zum Fischersee ab und von dort weiter zum Weißbrunnsee. Almhütten aus uralten Baumstämmen sowie der Blick auf die Gletscher der Hinteren Eggenspitze begleiten uns auf der gesamten Wanderung.

70 **Hochtour:** Weißbrunn – Höchsterhütte – Hintere Eggenspitze, 3.443 m

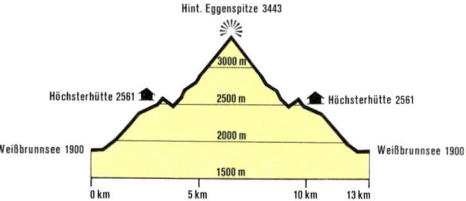

Ausgangspunkt: St. Gertraud im Ultental
Parken: Weißbrunnsee
Höhenunterschied: 1.545 m

Wanderzeit: 8 Std.
Schwierigkeitsgrad: nur für Geübte!
Einkehr: Höchsterhütte

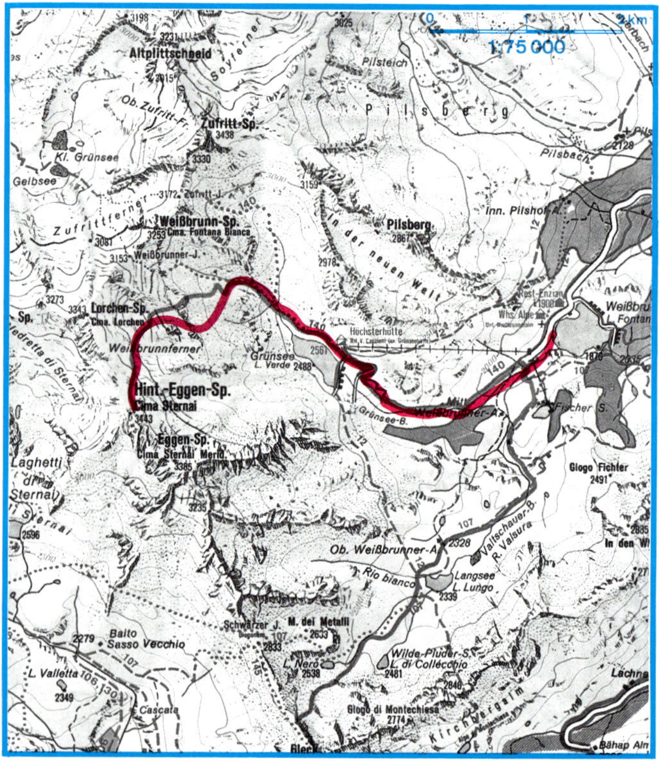

Tourenverlauf: Vom Weißbrunnsee im hintersten Ultental steigen wir (Markierung Nr. 140) zu der direkt am Grünsee gelegenen Höchster-hütte auf. Neben der Höchsterhütte führt der Steig Nr. 140, dem rechten Seeufer folgend, taleinwärts. Wir folgen diesem Steig, den Talkessel

114

Grünsee mit Eggenspitze

hochsteigend, halten uns dann jedoch nach links, um nicht auf das Weißbrunner Joch zu gelangen. Rechts, an dem von Firnfeldern umgebenen Felskopf vorbei, gelangen wir auf den Weißbrunnferner. Weiter, etwas links haltend, über den Gletscher aufs Joch und schließlich über den Grat bezwingt man den 3.443 m hohen Gipfel.

Zur Erleichterung kann diese Tour auch als Zweitagestour unternommen werden, wobei die Höchsterhütte als Unterkunft dient, dennoch müssen die Gefahren einer Gletscherbesteigung genügend beachtet werden.

Abstieg wie Aufstieg, oder wie unter Nr. 69 beschrieben, über den Lang- und Fischersee.

Höhenwege

Europäischer Fernwanderweg 5 – Bodensee – Adria

Von Konstanz über Bregenz, von Landeck durchs Pitztal nach Zwiesel-
stein und weiter über das 2.509 m hohe Timmelsjoch führt der Europä-
ische Fernwanderweg 5 in die Südabdachung der Alpen.
Die beste Zeit der Begehung richtet sich nach der Schneelage, sodaß

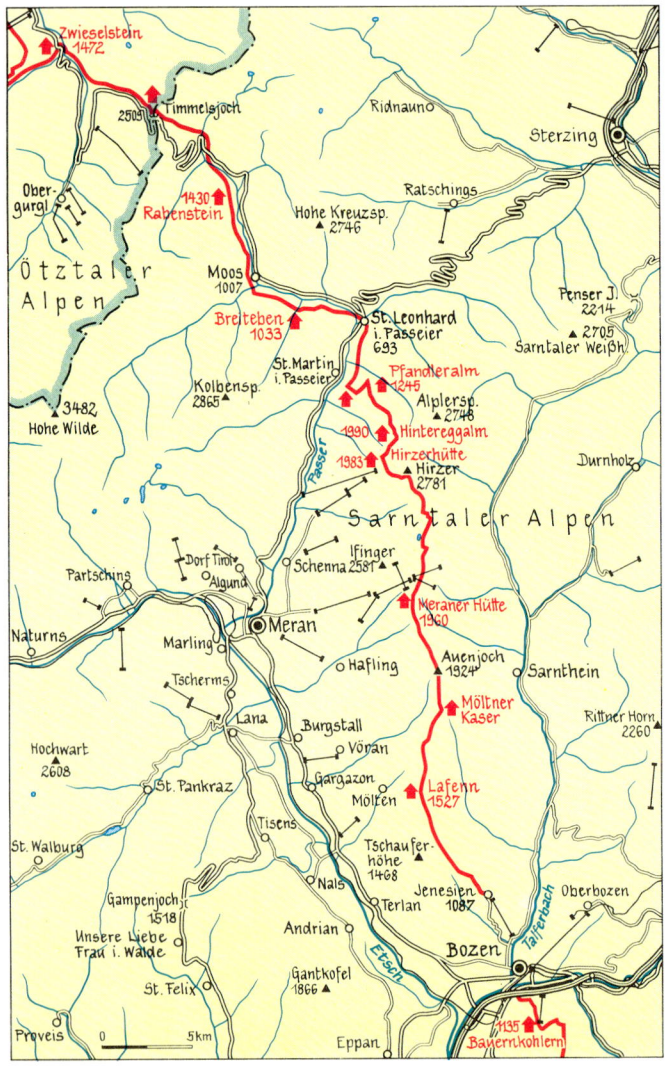

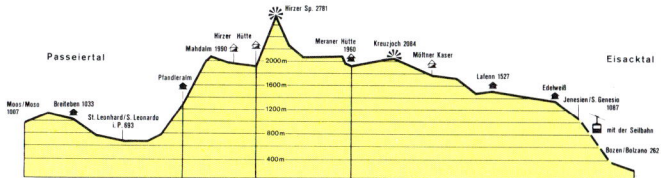

dieser Abschnitt durch die Sarntaler Alpen frühestens im Juni gut gangbar ist. Schwierigster Abschnitt ist die Querung der Steilhänge zwischen Hirzer und Missensteiner Joch. Der Weg von der Meraner Hütte nach Jenesien ist problemlos.

1. Tag: Moos – Platt – Breiteben – St. Leonhard – Pfandleralm (6 Std.)
Am Gasthof Moos rechts vorbei führt die Straße, die Passer querend, leicht ansteigend nach Platt und weiter nach Breiteben. In Serpentinen weiter der Straße folgend, steigen wir nun nach St. Leonhard ab. In der Ortsmitte zweigen wir beim Gasthof Strobl nach links ab, erreichen am Waldrand den Weg Nr. 3, der südwärts durch Wiesen und Wald auf die Prantacher Straße führt. Nun folgen wir Nr. 1 zum Pfandlerhof und erreichen nach einem weiteren halbstündigen Aufstieg durch den Wald die Lichtung der Pfandleralm.

2. Tag: Pfandleralm – Hirzer Hütte (4 Std.)
Von der Pfandleralm über die Waldlichtung zur Andreas-Hofer-Hütte. Von dort auf dem gut markierten Steig Nr. 1 in den Wald. An alten Heuscheunen vorbei auf eine Kuppe, wo wir den Endpunkt der Steigung erreichen (2 Std.). Die Alpenrosenhänge des Prantachkogels und des Kreuzjochs querend, gelangen wir zur Hintereggalm. Weiter auf breitem Pfad, um den nordwestlichen Ausläufer der Hirzerspitze herum, gelangen wir zur Hirzer Hütte.

3. Tag: Hirzer Hütte – Hirzer, 2.781 m – Kratzberger See – Meraner Hütte (6 Std.)
Wie unter Nr. 34 beschrieben, steigen wir zuerst über steinige Almböden, dann etwas flächer durchs Hirzerkar und schließlich über Felsen zur Hirzerscharte auf. Nach weiteren 15 Minuten erreichen wir die höchste Erhebung der Sarntaler Alpen. Wieder zurück zur Scharte steigen wir über schrofiges Gelände zur Anteranalpe ab. Auf dem Gebirgsjägersteig am Kratzberger See vorbei gelangen wir zum Missensteiner Joch, von wo wir zuerst rechts, dann links ins Meraner Skigebiet absteigen. An der Kirchsteiger Alm vorbei, wandern wir zur ganzjährig geöffneten Alpenvereinshütte (Meraner Hütte).

4. Tag: Meraner Hütte – Maiser Rast – Kreuzjoch – Möltener Kaser – Lafenn – Jenesien – Bozen (7 Std.)
Wie unter Nr. 30 beschrieben, wandern wir vom Meraner Skigebiet über den Tschöggelberg, der geologisch zur Bozner Porphyrplatte gehört, nach Jenesien, von wo wir mit der Gondel in steiler Fahrt, entlang der Weinberge, nach Bozen gelangen.

Meraner Höhenweg

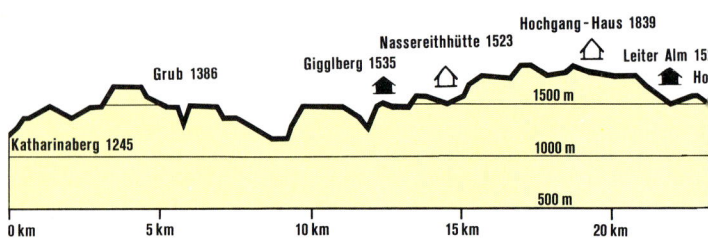

Vom Katharinaberg im Schnalstal bis nach Ulfaß im Passeiertal quert der Meraner Höhenweg die Flanken der Texelgruppe (Naturpark) hoch über dem Meraner Talkessel.

Unzählige Varianten, vom Talbecken mit seiner mediterranen Pflanzenwelt bis in das Hochgebirge der Dreitausender, befriedigen den einfachen Wanderer ebenso wie den anspruchsvolleren Bergsteiger.

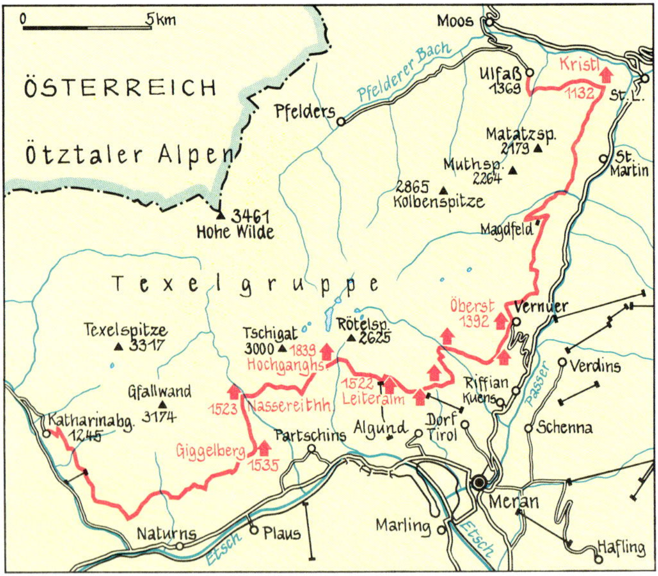

1. Tag: Katharinaberg – Dickhof – Hochforch – Giggelberg – Nassereithhütte (6 Std.)

Vom Katharinaberg (1.245 m) der Markierung Nr. 10 folgend, erreichen wir nach leichtem Auf und Ab den Wanthof. Nach einer weiteren Stei-

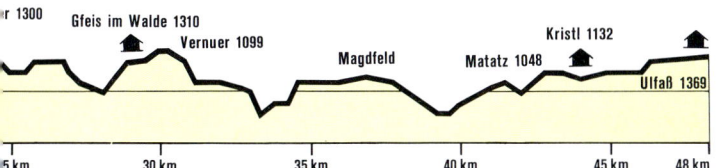

gung am Kopfronhof vorbei queren wir die Hänge des Fuchsberges, gelangen vom Dickhof zum Lindhof und nach Querung des Baches, an mehreren Höfen vorbei zum Ginzl und weiter über Staud nach Querung des Lahnbaches nach Hochforch (Seilbahn von Schmelch aus). Nach diesem aussichtsreichen Wegstück geht es nun teilweise durch Wald zum ganzjährig bewirtschafteten Hof Gigglberg (1.535 m, Seilbahn von Rabland), von wo wir Richtung Norden ins Zieltal zur Nassereithhütte (1.523 m) wandern.

2. Tag: Nassereithhütte – Tablanderalm – Hochganghaus – Leiteralm (4 Std.)

Gleich hinter der Hütte queren wir den Zielbach und folgen dann dem leicht ansteigenden Weg zur Tablanderalm. Wilde Felsblöcke, welche von einem Felssturz stammen, gilt es zu queren, bis wir an der Goyeneralm vorbei zum nicht mehr weit entfernten Hochganghaus (1.839 m) gelangen. Meist durch Wald, zuletzt aber über Almweiden abfallend, führt von hier ein breit angelegter Weg zur Leiteralm (1.522 m).

3. Tag: Leiteralm – Hochmuter – Thalbauer – Langfallhof – Gfeis – Vernuer (5 Std.)

Über den Hans-Frieden-Weg zum Hochmuter, dann zügig bergab zum Gasthof Thalbauer und weiter durch schönen Wald ins Spronsertal, wo wir den Finelebach queren und Nr. 24 folgend, nach Gfeis aufsteigen. Vom Gasthof Bergrast wandern wir zum Öberst (1.392 m) in Vernuer.

4. Tag: Vernuer – Gander – Magdfeld – Kristl – Ulfaß (6¹/₂ Std.)

Vom Öberst der Markierung Nr. 24 folgend, steigen wir hinab ins Saltauser Tal, queren den Bach und folgen dem schmalen Weg hinauf zum Gstearhof. An der Jausenstation Gander vorbei wandern wir abwechselnd durch Wald und Wiesen immer nordwärts nach Magdfeld. Von Magdfeld anfänglich Richtung Kalmtal, dann talauswärts zu den Häusern Bach. Nach Querung des Kalmbaches empor zum Gruberhof und weiter über Matatz nach Kristl (1.132 m) und schließlich nach Ulfaß (1.369 m). Der Blick entlang des gut beschilderten Meraner Höhenweges reicht vom Passeirer Talkessel mit St. Martin und St. Leonhard über die Sarntaler Alpen (Ifinger, Plattenspitze, Hirzer, Alpler, Hohe Warte) bis zum Jaufenkamm mit Flecknerspitze (Saxner) und Hohe Kreuzspitze und über die Stulser Mahder nach Stuls.

Alpengasthöfe und Unterkunftshütten (Auswahl)

Alle Angaben ohne Gewähr! Bitte erfragen Sie vor Beginn der Wanderung im Talort die Bewirtschaftungszeit.

Sarntaler Alpen

Hirzerhütte (Rifugio Punta Cervina), 1.983 m, privat, Post: 39017 Schenna, ganzjährig bewirtschaftet. Zugang: von Verdins auf Weg Nr. 4, $3^1/_2$–4 Std. Übergang: zur Ifingerhütte auf den Wegen Nr. 40 und Nr. 18A, zirka 3 Std. Gipfel: Hirzerspitze, 2.781 m, $2^1/_2$ Std. (mittel).

Ifingerhütte (Rifugio Picco Ivigna), 1.815 m, CAI, Post: 39017 Schenna, bewirtschaftet vom 15. Mai bis 15. Oktober. Zugänge: von Vernaun im Naiftal auf den Wegen Nr. 3 und Nr. 40 zum Gasthof Egger und auf Weg Nr. 18 weiter zur Hütte, zirka 4 Std.; von Schenna nach St. Georgen, dann auf Weg Nr. 18, zirka 4 Std.; mit der Seilbahn zum Gasthof Taser und von dort auf Weg Nr. 18A, $1^1/_4$ Std. Übergänge: zur Rotwandhütte über die Ifingerscharte, 2.117 m, auf Weg Nr. 18, $1^1/_2$–2 Std.; zur Kirchsteigeralmhütte bzw. Kirchsteigeralm über Ifingerscharte und Naifjoch (Wege Nr. 18 und Nr. 3), $1^1/_2$–2 Std.; zur Hirzerhütte über Gasthof Taser auf den Wegen Nr. 18A und Nr. 40, zirka $3^1/_2$ Std.

Jaufenhaus, 2.000 m (D1), privat, Post: 39049 Sterzing, ganzjährig bewirtschaftet. Zugang: mit dem Auto erreichbar (21 km von St. Leonhard). Gipfel: Jaufenspitze, 2.483 m, $1^1/_2$ Std. (mittel).

Kirchsteiger Alm (Hotel Gondellift), 1.945 m, privat, Post: 39012 Meran, ganzjährig bewirtschaftet. Zugänge: von Meran mit Bus ins Naiftal, 4 km. Von dort mit der Seilbahn auf das Piffinger Köpfl und anschließend mit dem Gondellift bis zur Alm; von Hafling–St. Kathrein auf Weg Nr. 14 über die Rotwandhütte, $2^1/_2$ Std. Ifingerscharte auf den Wegen Nr. 3 und Nr. 18, zirka $1^1/_2$ Std. Gipfel: Kleiner Ifinger, 2.552 m, 2 Std. (mittel).

Lafenn-Unterkunftshaus (Rifugio Lavenna), 1.526 m, privat, Post: 39010 Mölten, ganzjährig bewirtschaftet. Zugänge: von Bozen mit der Seilbahn nach Jenesien, von dort auf Weg Nr. 1, zirka 2 Std.; von Mölten auf den Wegen Nr. 4 und Nr. 1 zum Haus, zirka 1 Std. Übergang: zum Leadner Alpenhaus auf Weg Nr. 1 nach Aschl und weiter auf Weg Nr. 16A, zirka 2 Std.

Leadner Alpenhaus, 1.540 m, privat, Post: 39010 Hafling, ganzjährig bewirtschaftet. Zugänge: von Burgstall mit der Seilbahn nach Vöran, weiter auf den Wegen Nr. 1 und Nr. 16, $1^1/_4$ Std.; von Hafling auf Weg Nr. 16, zirka 1 Std. Übergang: zum Lafenn-Unterkunftshaus, zirka 2 Std.

Meran 2000 (Berghotel), 1.900 m, privat, Post: 39012 Meran, ganzjährig bewirtschaftet. Zugänge: von Vernaun mit der Seilbahn; von Hafling–St. Kathrein auf Weg Nr. 14 bis kurz vor die Rotwandhütte, dann nördlich zum Hotel (Weg Nr. 18), zirka 2 Std. Übergänge: zur Ifingerhütte auf Weg Nr. 18 über die Ifingerscharte, 2.117 m, $1^1/_4$ Std.; zur Kirchsteiger Alm, Weg Nr. 14, $3/_4$ Std. Gipfel: Kleiner Ifinger, 2.552 m, 2 Std. (mittel).

Meraner Hütte (Hermann-Gritsch-Haus), 1.830 m, AV Südtirol, Post: 39012 Meran, ganzjährig bewirtschaftet. Zugänge, Übergänge und Gipfel siehe bei Kirchsteiger Alm.

Passeirer Jaufenhaus (Albergo Passo del Giovo), 1.815 m, Post: 39015 St. Leonhard im Passeiertal, ganzjährig bewirtschaftet. Zugang: mit dem Auto erreichbar (15 km von St. Leonhard). Übergang: zum Jaufenhaus auf Weg Nr. 17, $1/_2$ Std.

Piffing (Chalet), 1.900 m, privat, Post: 39010 Hafling, ganzjährig bewirtschaftet. Zugänge, Übergänge und Gipfel siehe bei Meran 2000.

Rotwandhütte (Rifugio Parete Rossa), 1.817 m, CAI, Post: 39012 Meran, ganzjährig bewirtschaftet. Zugänge: mit der Ifinger-Seilbahn zum Piffinger Köpfl und in 10 Minuten Abstieg zur Hütte; von Hafling–St. Kathrein auf Weg Nr. 14, $1^1/_2$–2 Std. Übergänge: zur Kirchsteigeralm auf Weg Nr. 14, zirka $1/_2$ Std.; zur Ifingerhütte über die Ifingerscharte auf Weg Nr. 18, $1^1/_2$ Std. Gipfel: Kleiner Ifinger, 2.552 m, $2^1/_4$ Std. (mittel).

Tschaufenhaus (Capanna Giovo del Salto), 1.350 m, privat, Post: 39010 Mölten. Zugänge: von Verschneid auf Weg Nr. 2, $3/_4$ Std.; von Terlan auf den Wegen Nr. 4 und Nr. 7, $3^1/_2$ Std.

Zuegghütte (Hillboden), 1.766 m, privat, Post: 39010 Hafling. Zugänge: mit der Ifinger Seilbahn zum Piffinger Köpfl und in $1/_4$ Std. Abstieg zur Hütte; von Hafling–St. Kathrein auf den Wegen Nr. 14 und 41, $1^1/_2$ Std. Übergänge: zur Kirchsteigeralm, Weg Nr. 14, $3/_4$ Std.; zur Ifingerhütte über die Ifingerscharte, Wege Nr. 41, Nr. 3 und 18, $1^3/_4$ Std. Gipfel: Kleiner Ifinger, 2.552 m, $2^1/_2$ Std. (mittel).

Ötztaler Alpen (Texelgruppe)

Eisjöchlhütte (früher Stettiner Hütte–Rifugio Petrarca all'Altissima), 2.875 m, CAI, Post: 39012 Meran. Zugänge: von Pfelders auf Weg Nr. 8, 4 Std.; von Karthaus auf Weg Nr. 39 über das Eisjöchl, 2.908 m, zirka 6 Std. Übergang: zur Lodner Hütte über die Johannesscharte auf Weg Nr. 8 (Gletscherüberquerung), zirka 2 Std. Gipfel: Hohe Wilde, 3.482 m, zirka 2 Std. (nur für Geübte).

Hochganghaus (Casa del Valico), 1.839 m, AV Südtirol, Post: 39012 Meran, bewirtschaftet von Mitte Mai bis Mitte Oktober. Zugänge: von Partschins auf den Wegen Nr. 7a und Nr. 7, 3 Std.; von Mitterplars bei Algund mit dem Sessel- bzw. Gondellift zur Leiteralm und auf Weg Nr. 24 zum Haus, 1 Std. Übergänge: zur Lodner Hütte auf Weg Nr. 7b (Franz-Huber-Weg), zirka 3 Std.; zur Nassereithhütte auf Weg Nr. 24 (AVS-Jugendweg), $1^1/_2$–2 Std. Gipfel: Mutspitze, 2.295 m, zirka 3 Std. (mittel).

Lammer G., Biwak (Bivacco G. Lammer), 2.698 m, AVS-Meran, Post: 39020 Partschins, unbewirtschaftet. Zugänge: von Partschins Weg Nr. 7A und 7. Von Algund mit dem Sessellift zur Leiteralm; von dort Weg Nr. 24 und 7, $2^1/_2$ Std. Übergänge: zur Lodner Hütte übers Halsljoch Weg Nr. 7, 2 Std.; ins Pfelderer Tal Weg Nr. 22 und 45, 5 Std.

Lodner Hütte (Rifugio Cima Fiammante), 2.259 m, CAI, bewirtschaftet vom 1. Juni bis 30. September. Zugänge: von Partschins auf Weg Nr. 8, $4^1/_2$–5 Std. Übergänge: zur Eisjöchlhütte über die Johannesscharte auf Weg Nr. 8 (Gletscherüberquerung), 3 Std.; zum Hochganghaus auf Weg Nr. 7b (Franz-Huber-Weg), zirka $2^1/_2$ Std.; zur Nassereithhütte auf Weg Nr. 8, zirka $1^1/_4$ Std. Gipfel: Roteck, 3.336 m, 3–$3^1/_2$ Std. (nur für Geübte); zum Biwak G. Lammer übers Halsljoch Weg Nr. 7, 2. Std.

Mitterkaser, 1.954 m, privat, Post: 39025 Naturns, im Sommer bewirtschaftet. Zugang: von Karthaus auf Weg Nr. 39, 2–$2^1/_2$ Std. Übergänge: zur Eisjöchlhütte auf Weg Nr. 39 über das Eisjöchl, 2.908 m, $3^1/_2$ Std.; zur Lodnerhütte über die Johannesscharte, 2.876 m, $4^1/_2$ Std.

Nassereithhütte, 1.523 m, privat, Post: 39020 Partschins, bewirtschaftet vom 15. Mai bis 20. Oktober. Zugang: von Partschins auf Weg Nr. 8, $2^1/_2$ Std. Übergänge: zur Lodner Hütte, Weg Nr. 8, 2 Std.; zum Hochganghaus auf Weg Nr. 24 (AVS-Jugendweg), zirka 2 Std.

Ortlergruppe und Mendelkamm

Enzianhütte, 1.900 m, Restaurant am Weißbrunnsee, privat, ganzjährig bewirtschaftet. Zugang: von St. Gertraud mit dem Kfz ($5^1/_2$ km). Übergänge: zur Dorigonihütte, 2.437 m, über das Schwärzerjoch, 2.833 m, $3^1/_2$ Std. (mittel); zur Höchsterhütte, 2.561 m, 2 Std. (leicht); zur Haselgruberhütte, 2.425 m, am Langsee, 2.339 m, vorbei, $3^1/_2$ Std. (mittel).

Gamplhof und andere Hotels, 1.740 m, privat, Post: 39011 Lana, ganzjährig bewirtschaftet. Zugänge: von Oberlana mit der Seilbahn auf das Vigiljoch, von dort auf Weg Nr. 34, $3/_4$ Std.; von Oberlana über Pawigl auf den Wegen Nr. 34 und Nr. 34a, $3^1/_2$–4 Std. Gipfel: Hochwart, 2.608 m, zirka 4 Std. (mittel); Naturnser Hochjoch, 2.470 m, zirka $2^1/_2$ Std. (mittel).

Haselgruberhütte, 2.425 m, privates Schutzhaus, am Rabbijoch zwischen Rabbi- und Ultental. Post: 38020 S. Bernardi di Rabbi, bewirtschaftet von Juli bis September. Zugänge: von St. Gertraud im Ultental durch das Kirchbergtal, 3 Std. (leicht); von Weißbrunnsee über die Kirchbergalm, $3^1/_2$ Std. (leicht); von Rabbi–Cavallar, $3^1/_2$ Std. (leicht). Übergänge: zur Höchsterhütte, 2.561 m, über den Kirchbergkamm, 3 Std. (mittel); zur Dorigonihütte, 2.437 m, über den Gleck, 2.956 m, 3 Std. (mittel, lohnend). Gipfel: Gleck, 2.957 m, $1^1/_2$ Std. (leicht); Sasfora, 2.808 m, 1 Std. (leicht); Karspitze, 2.752 m, $1^1/_4$ Std. (leicht); Cima Tuatti, 2.701 m, $1^3/_4$ Std. (leicht); Rundwanderung auf den sieben Haselgruber Seen, 2 Std. (leicht); Kammwanderung von der Hütte über die Karspitze, 2.752 m, C. Tuatti zum Alplanersee, 2.386 m, und über das Außer Seefeld (Campo di Lago di Fuori) ins Kirchbergtal, 4 Std.

Höchsterhütte (Rif. Canziani), 2.561 m, CAI, am Grünsee, Post: 39010 St. Gertraud, bewirtschaftet von Anfang Juli bis Ende September. Zugang: von St. Gertraud, $3^1/_2$ Std. (leicht), mit Kfz bis zur Unteren Weißbrunneralmhütte, von dort $1^3/_4$ Std. Übergänge: zur Zufallhütte, 2.265 m, über das Zufrittjoch, 3.172 m, Zufrittferner, Zufrittal und durch das Paradies am Cevedale zur Hütte, $5^1/_2$ Std. (leicht); zur Dorigonihütte, 2.436 m, über das Schwärzerjoch, 2.833 m, 4 Std. (leicht); zur Haselgruberhütte, 2.425 m, 3 Std. (leicht). Gipfel: Zufrittspitze, 3.438 m, zum Zufrittjoch, 3.172 m, und über den Südwestgrat zum Gipfel, 4 Std. (nur für Geübte, III); Weißbrunnspitze, 3.253 m, vom Zufrittjoch, $2^1/_2$ Std. (nur für Geübte, III), Eggenspitze, 3.385 m, über den Ostgrat, 3 Std. (nur für Geübte); Hintere Eggenspitze, 3.443 m, über den Weißbrunnferner und von Norden zum Gipfel, 3 Std. (nur für Geübte).

Vigiljoch, Hotel an der Bergstation der Vigiljochbahn, zirka 1.500 m, privat, Post: 39011 Lana, ganzjährig bewirtschaftet. Zugänge: von Oberlana mit der Seilbahn oder zu Fuß über Pawigl, Weg Nr. 34, 3 Std. Übergang: zum Gamplhof, $3/_4$ Std.

Orte · Hütten · Berge

Das große KOMPASS-Wanderkartenprogramm Alpen 1:50.000

Eine farbige Schnittübersicht der KOMPASS-Wanderkarten erhalten Sie kostenlos bei Ihrem Buchhändler oder beim Verlag.

● = Titel mit Kurzführer
□ = Titel mit Radwanderwegen
○ = Titel mit Langlaufloipen
△ = Titel mit alpinen Skirouten
* = Titel in Vorbereitung
Sondermaßstäbe siehe Titelverzeichnis

K 061	Wörther See – Klagenfurt 1:30.000 ● □
K 63	Millstätter See – Nockgebiet ●
K 063	Bad Kleinkirchheim 1:25.000 ● ○
K 64	Villacher Alpe – Unteres Drautal ●
K 064	Villach – Warmbad Villach 1:22.500 ●
K 65	Klopeiner See – Östl. Karawanken ●
K 065	Klopeiner See 1:25.000 ●
K 66	Maltatal – Liesertal ●
K 67	Radstädter Tauern – Lungau
K 68	Ausseerland – Ennstal ● △
K 69	Hinterstoder – Windischgarsten ● ○ △
K 70	Gesäuse – Ennstaler Alpen ●
K 71	Adamello – La Presanella △
K 72	Ortler/Ortles – Cevedale ● △
K 73	Gruppo di Brenta ●
K 073	Dolomiti di Brenta 1:30.000 ● △
K 74	Tramin/Termeno – Cavalese ● △
K 75	Trento – Levico – Lavarone ●
K 76	Pale di San Martino
K 77	Alpi Bellunesi
K 78	Asiago – Cette Comuni ●
K 80	Großarltal – Kleinarltal ●
K 81	Wörgl – Hopfgarten – Gerlos – Wildschönau ● △
K 82	Tauferer – Ahrntal/Valle di Tures △
K 83	Stubaier Alpen – Serleskamm ● △
K 85	Mont Blanc/Monte Bianco ● △
K 86	Gran Paradiso – Valle d'Aosta ● △
K 87	Breuil/Cervinia – Zermatt ● △
K 88	Monte Rosa ●
K 89	Domodóssola
K 90	Lago Maggiore – Lago di Varese △
K 91	Lago di Como – Lago di Lugano
K 92	Chiavenna – Bergell/Val Bregaglia
K 93	Bernina – Sondrio ● △
K 94	Edolo – Aprica
K 96	Bormio – Livigno – Corna di Campo ● △
K 97	Omegna – Varallo – Lago d'Orta
K 100	Monti Lessini *
K 101	Rovereto – Monte Pasubio
K 102	Lago di Garda – Monte Baldo ●
K 103	Le Tre Valli Bresciane
K 104	Foppolo – Valle Seriana *
K 105	Lecco – Valle Brembana ●
K 120	Europäischer Fernwanderweg E5 Teilstrecke Nord: Konstanz – Braunschweiger Hütte ●
K 121	Europäischer Fernwanderweg E5 Teilstrecke Süd: Braunschweiger Hütte – Giazza
K 134	Glantal – St. Veit
K 179	Pfaffenwinkel – Schongauer Land ● □
K O179	Bad Kohlgrub 1:10.000/1:35.000 ●

K 180	Starnberger See/Ammersee ● □
K 0180	Radwanderkarte Fünfseenland ● □
K 181	Rosenheim – Bad Aibling ● □
K 182	Isarwinkel ● □
K 0184	Bad Wörishofen 1:20.000 ● □
K 186	Oberschwaben – Leutkirch ● □
K 187	Isny – Wangen ● □
K 188	Kaufbeuren – Ostallgäu ● □
K 189	Landsberg/Lech – Ammersee ● □
K 190	Augsburg – Dachau – Fürstenfeldbruck ● □
K 207	Wachau – Nibelungengau ● □
K 215	Neusiedler See ●
K 640	Nice – Monaco – San Remo ●
K 641	Alassio – Imperia ●
K 642	Savona – Varazze *
K 643	Genova – Rapallo – Sestri (Levante) *
K 644	Cinque Terre – La Spezia *

KOMPASS-Wanderkartenprogramm Italien 1:50.000

Sondermaßstäbe siehe Titelverzeichnis

K 600	Colli Euganei – Abano Terme 1:14.000/1:30.000 ●
K 650	Isola d'Elba 1:30.000 ●
K 660	Firenze – Chianti*
K 661	Siena e dintorni*
K 664	Gubbio – Fabriano ●
K 665	Assisi – Mte. Pennino – Camerino ●
K 666	Monti Sibillini ● △
K 667	Monti della Laga*
K 668	Monti Reatini*
K 669	Gran Sasso d'Italia*
K 670	La Maiella*
K 680	Isola d'Ischia e Procida 1:10.000/1:15.000 ●
K 681	Isola di Capri 1:7.500 ●
K 682	Penisola Sorrentina ●
K 693	Isole Eolie o Lipari 1:25.000 ●

K 633	**KOMPASS-Auto- und Wanderatlas Südtirol – Dolomiten** 1:75.000 ●

Titel der KOMPASS-Wanderbücher

Titel der KOMPASS-Stadtführer

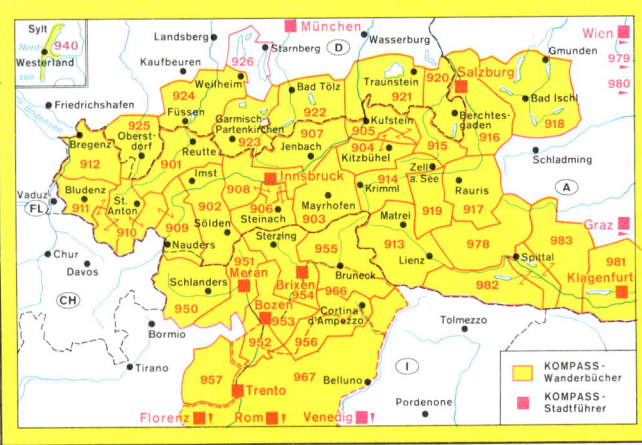